多様な性の視点でつくる学校教育

セクシュアリティによる差別をなくすための学びへ

眞野豊

松籟社

目次

凡例

・★1、★2……は註を表し、註記は近傍の左ページに記載した。
・引用文中〔 〕は筆者による補足を表す。
・（中略）は筆者による省略を表す。
・文献情報は［ ］でくくり、［著者名、発行年、参照頁］の形で表した。
当該文献は巻末の文献一覧に記載している。

序章　学校での記憶
教室を支配するジェンダー規範と異性愛規範

1　主語の喪失――「オレ」が言えない

小学校に上がってすぐに、あることが私を悩ませたのを覚えている。周りの男子が「オレ」という主語を使いはじめたとき、私はどうしても「オレ」が言えなかったのである。当時、私の心の中にあった主語は、「オレ」ではなくて、「ワタシ」だった思う。しかし、私の周りに「ワタシ」を使う男子は一人もおらず、私が「ワタシ」を使うことは許されないと感じた。そんな私が最終的になんとか発話することができたのが、「ボク」という主語であった。しかし、「オレ」という主語が男子の中で支配的な空間において、「ボク」を使うことさえも難しいことがあった。そんなとき、私は完全に主語を喪失した。「これはだれの？」――「ワタシ／ボク

／オレ……の」このような簡単な会話さえも成立しない奇妙な事態は、高校生になってもしばしば起こった。私にとって自分を表すための一人称は、すでに自由に使えるものではなかった。

2　同性愛への気づきとクローゼット[★1]の出現

男子とスポーツなどをして遊ぶことよりも、女子とおしゃべりすることの方が好きだった私は、教室で女子のグループに入って遊ぶことが多かった。ところがそのことが、学年が上がるにつれて「問題」とみなされるようになっていった。先生からは、「どうして男子と遊ばないの？」と指摘された。そう指摘されるたびに罪悪感のようなものを感じたが、どうしていいかわからなくなった。話し方やしぐさが男らしくなかった私は、同級生や先輩からしばしば、「ホモ」「オカマ」といった言葉を投げかけられた。学校では常に、「男らしさ」が求められ、「女々しくないこと」「ホモ／オカマではないこと」が要求されていた。当時、私はそう言われるたびに「ホモじゃない」「オカマじゃない」とむきになって反論した。当時は私自身も「ホモ」や「オカマ」「同性愛」を気持ちの悪いもの、変態、異常と結びつけていた。そのころすでに私の中にあった「ホモ」のイメージは、テレビのお笑い番組で見た「保毛尾田保毛男《ほもおだほもお》」というキャラクターだった。[★2] 当時はこの番組を見て私も、「きもい」とバカにしていた。学校では、男の子は「男らしくするもの」と教えられていたし、保健の授業では、「思春期になると異性を好きになる」と教えられていた。したがって、男らしくないことや同性を好きになることは、よくないことで、異常なことであると信じて疑わなかった。そう信じることが、差別や偏見だなどとは考えたこともなかった。

ところが、小学校五年生のある日、私は自分ではどうしようもできない大きな問題を抱えてしまった。男性に恋をしてしまったのだ。実はそれ以前にも、なんとなく同性に惹かれることがあったが、思春期になれば女性にも興味が出てくるはずだとわずかな希望を抱いていた。けれども、思春期を迎えた私は、残酷な現実を確信してしまった。一生、この秘密を抱えて生きていかねばならないのかと思うと、絶望感で押しつぶされそうになった。小学校五年生の私

★1　「クローゼット」（押入れ）とは、自らの性的指向を秘匿しておく場の隠喩であり、その中にいるということは、異性愛者のふりをするように強いられている状態を指してもいる。

★2　「保毛尾田保毛男」（ほもおだほもお）は、一九九〇年中ごろに『とんねるずのみなさんのおかげです』（一九八八—一九九七年）という番組の中で、石橋貴明が演じていたキャラクターである。

は、この秘密が誰かにばれて家族に迷惑をかける前に、この世から消えてなくなりたいと本気で思っていた。

3　逃げ場のない教室──拘束され操られる身体と心

（1）強制異性愛

中学校や高校のころ、怖かった話題の一つが異性に関する話題であった。思春期の子どもたちにとって異性に関する話題は、友達との絆を深めるためにも避けては通れない話題だろう。しかし、「好きな女子はだれ？」「好きなタイプは？」など、異性愛であることを前提にしたこれらの問いは、異性愛者であることを強制するものでもあった。私はこの質問を受けるたびに、好きでもない女性の芸能人の名前をあげて、その場をしのぐしかなかった。嘘をつき異性愛者を演じなくてはならないストレスから逃げるために、あるときから私は人を遠ざけるようになった。人と関わらないことが、自分を守る手段だったのだ。しかし、結局それは、自分で自分をさらに孤立させることになってしまった。

（2）平衡感覚がない

しかし、人と全く関わらないで生活することなどできるはずがなかった。家でも学校でも常に異性愛者を演じることが要求され、二四時間心が休まるときはなかった。高校生になると、そうした緊張と不安はピークに達した。「ばれる」ことへの恐怖と将来への不安で頭がいっぱいになった。そのころ、学校へ行くといつも廊下や教室の床が傾いている感覚があった。極度のストレスにより、平衡感覚もおかしくなってしまっていたのだと思う。家に帰ると極度の緊張状態からは解放されるが、不安が和らぐことはなかった。緊張から完全に解放されるのは寝るときだけだったが、それでも熟睡することはできなかった。夜中、何度も金縛りにあって目が覚めるので、ずっと眠りが浅く、昼間学校に行ってもずっと頭がぼうっとしている状態だった。

（3）動くことも話すこともできない教室

学校生活の中でも休み時間や給食の時間は、生徒が緊張から解き放たれ、休息する時間の一つであるはずだ。ところが、私はこれらの時間が大嫌いだった。学校で「自由な」休み時間などすべてなくなってしまえばいいと思っていた。私にとっては、勉強の時間だけが学校で唯一、安心できる時間だったからである。授業中は、私にとって他者から攻撃される危険性が最も低い、一番安全な時間だったのだ。ところが、ひとたびチャイムが鳴り、休み時間が始まると、教室は危険な空間へと一変した。

自分の席から離れ、好きなところへ歩いたり走ったりする。友達とおしゃべりをする。物をつかむ……。これらの単純な動作をするときでさえ、私は緊張し恐怖を感じた。私が席を離れて歩いたり走ったりするだけで、その歩き方や走り方が女っぽいと指摘された。私が誰かにしゃべりかけると、その言葉が女っぽいしゃべり方だと指摘された。私が自らの手で何か物を「つかむ」ときでさえ、細心の注意が必要だった。「小指が立っている」と指摘されるからだ。歩くことも走ることも、しゃべることも、物を持つことさえも自由にできない空間。私にとって学校の教室はまさに、地獄だった。

4　未来の喪失と獲得――電話相談でのカミングアウト

教師は子どもたちに向かって、未来に希望を持ちなさいと言っていた。ところが、その言葉は、私の心には全く届かなかった。性的マイノリティである自分には、将来どのような未来が待っているのかと考えると不安に押しつぶされそうになるだけだった。身動きひとつ自由にできない教室で、必死に差別と闘っている私にとって、教師の能天気な言葉は空疎なだけだった。目の前にある差別や偏見を見ようとしない教師の言葉には、むしろ怒りを覚えた。

　高校二年生の終わりのころ、いよいよ来年は大学受験というとき、私は将来への不安に押しつぶされそうになっていた。学校や教師への不満から、教師になりたいという夢を持ち始めていたころだったが、同性愛の悩みは一人では抱えきれないくらいに大きな負担になっていた。このままでは受験勉強にも集中することができず、大学受験も失敗して人生がめちゃくちゃになってしまうのではないかと思った。受験に集中するためにも、誰かに悩みを打ち明けたいという思いが高まっていた。そのころ偶然知ったのが、子どもの電話相談の存在だった。ここなら誰にも知られずに匿名で相談ができると考え、初めて人に話そうと思った。

「僕、同性愛者なんです」「この先、どう生きていけばいいかわからないんです」。人生で初めてのカミングアウトだった。問題が解決したわけでも、何か答えをもらったわけでもなかったが、一人で抱えてきた秘密を誰に打ち明けることができたということだけで、気持ちが楽になった。相談できるところがあり、一人で悩まなくていいということに気づけたことで、前に進む力と勇気が湧いた。

　その後、インターネットやイベントを通してゲイコミュニティと出会った私は、孤独ではなくなった。しかし、同時に「なぜ私たちがこのような苦難を強いられねばならないのか」という疑問を持ち始めた。それから私は、ゲイ・スタディーズを学び、差別と闘う決意をした。


（初出『高校生活指導』二〇二号、二〇一六年）

第1章 性の多様性と人権

序章で紹介したのは、私が過ごした学校での記憶の一部である。他の男子がするように男らしく振る舞うことができないこと、同性を好きになってしまうこと、たったそれだけのことが、子どものころの私からいろいろなものを奪っていったように思う。今では、そのころ私が奪われていたものを、性的指向や性自認、性表現の自由という言葉で説明することができる。誰かに恋をして好きになること、好きな一人称で自分を表現すること、好きな服を着ること……。子どものころの私は、これらのことが自分に与えられた権利や人権であるとはまったく知らなかった。むしろ、男らしくできない自分に問題があり、同性に惹かれてしまう自分が悪いと思っていた。当時の学校では、これらの「性」に関する事項が人権に属するものであり、侵害されてはならない権利とはみなされていなかった。むしろ、男らしさや女らしさの規範からずれることは悪とみなされ、多様性を排除する教育が正当であるとみなされていたように思う。

一方、本書は、性（セクシュアリティ）が人に与えられた権利、すなわち人権であるという前提に立ち、性が持つ多様性を排除するのではなく、むしろ生き方や社会を豊かにする上で欠くことのできないものととらえる。このような性の多様性を尊重する立場から、学校教育をつくり直すことに挑戦するものである。そのためにまず、性の多様性を人権の側面から理解する上で最も重要な「ＳＯＧＩＥ」という概念について確認する。

1　ＳＯＧＩＥとは何か

（1）性を構成する要素とＳＯＧＩＥ

人間の性は女性か男性のどちらかに完全に分けることができるとする考え方を、性別二元論（性別二元制）という。しかし、現実に存在する私たちの性は、そのように単純な二分法で説明できるものではない。人間の性の多様性を理解するためには、性を構成する様々な要素について知る必要がある。ここでは代表的な四つの要素について確認する（表１―１）。

性を構成するこれらの要素のうち「性的指向＝Sexual Orientation」と「性自認＝Gender Identity」をあわせて「ＳＯＧＩ（ソジ）」、あるいは「性表現＝Gender Expression」も含めて「ＳＯＧＩＥ（ソジー）」と表記することがある。このような表記が用いられる理由は、性的指向や性自認、あるいは性表現は誰もが持つ人権であることを強調して表すためである。人がどのような人や物に性的に惹かれるかということや、自分の性をどのように認識したり表現したりするかは、他の人を傷つけない限りにおいて、その人の自由であり、人権として保障されるべきであるという基本的な考え方を理解することが大切である。性のあり方が多数派とは異なる人に対する差別が起こるのは、ＳＯＧＩあるいはＳＯＧＩＥが人権であるという認識や感覚を欠いているからである。ＳＯＧＩを理由とした差別を禁止する国連レベルでの枠組みとしては、

表 1-1　性を構成する代表的な要素

要　素	概　要
性的指向 Sexual Orientation	ある人がどういった人や物に性的な欲求を抱くかを表す概念。異性愛、同性愛、両性愛などの他に、性的欲求の対象をもたない無性愛などの性的指向もある。
性自認 Gender Identity	性別に対する自己の認識。「性同一性」ともいう。身体の性と性自認が一致する場合をシスジェンダー、違和感を抱く場合をトランスジェンダーという。男女どちらの性別にも当てはまらないＸジェンダーなどの立場もある。
性表現 Gender Expression	服装や言葉遣い、振舞い方等で表現される性的な特徴。周囲の人から見た性別の特徴でもある。
身体の性 Sex	身体的特徴から判断される性別。性器の形、性染色体、性腺などさまざまな要素で構成される。

出典：筆者作成

「ジョグジャカルタ原則（二〇〇七）」などがある。

また、SOGI（SOGIE）という概念は、性に関わる問題が、性的マイノリティだけの問題ではなく、性的マジョリティを含む全ての人の生き方に関わる問題であることを、私たちに気づかせてくれる。私たちは、性的マジョリティ／性的マイノリティという単純な二分法で考えてしまいがちだが、実際には性的マジョリティとされる人々の内部にも多様性がある。本来、人間の性は多様であるにもかかわらず、これまで多くの人々が固定したジェンダー規範（男らしさや女らしさ）や異性愛規範（異性愛が自然であるという思い込み）によって生き方を縛られてきたと言えるのではないだろうか。天野正子は「女性が「女性として」自由に生きることのできない状況」を、「抑圧」という言葉で表現し［天野、一九八一、九九—一一〇頁］、多賀は男性の抑圧を「男性が「男性として」自由に生きることのできない状況」と定義している［多賀、二〇〇一、八三頁］。ジェンダー規範が強く求められる社会では、女性であれ男性であれ、女性／男性らしい振る舞いが求められ自由な生き方をすることが難しいのである。こうしたジェンダー規範や異性愛規範に抗するためにも、SOGI（SOGIE）が人権であるということを理解し、性の多様性について知ることが大切である。

（2）性のグラデーション

性の多様性を表すために「性のグラデーション」という表現が用いられることがある。性はグラデーションのように連続性を持った現象であり、「女性」／「男性」と単純に二分できるものではない。さらに、性を構成する要素も女性や男性で単純に分けられるわけではない。例えば、一人の人の性のあり方（セクシュアリティ）を下の図のようなスケールで表したとき、点の位置は、人によって異なることがわかる。性のあり方は、指紋のように一人一人違った特徴を持っているのである。

（3）性のあり方を表す言葉／カテゴリー

性的マイノリティを表す言葉には様々なものがあるが、代表的なものに、レズビアン（Lesbian）、ゲイ（Gay）、バイセクシュアル（Bisexual）、トランスジェンダー（Transgender）がある（表1—2）。これらの先頭のアルファ

図 1-1　セクシュアリティの表し方の例

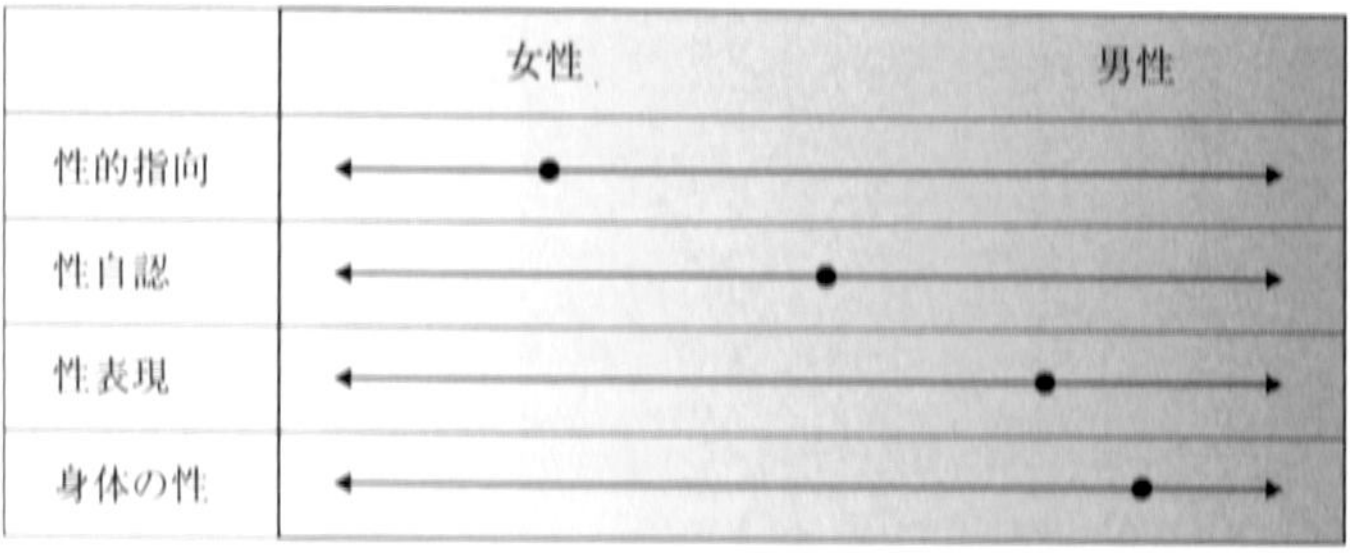

出典：筆者作成

ベットを並べて「LGBT」と表現することもある。

これに対して、性的マジョリティとされているのがヘテロセクシュアル（Heterosexual）である。性のあり方を表す言葉は他にもたくさんあるが、人の性のあり方はグラデーションのように多様で流動的なので、これらの言葉で表現しきれるものではない。しかも、これらの呼び方は、時代とともに変わる可能性があり、普遍的なカテゴリーとは考えないことが大切である。

（4）医学的なカテゴリーとしての性同一性障害

「性同一性障害」という言葉は、Gender Identity Disorderの訳語であり、性別に対する違和感（性別違和）を解消する方法の一つとして、ホルモン治療や性別適合手術（Sex Reassignment Surgery: SRS）を開始するために当事者が医療機関でもらう疾患名であ

表 1-2　性のあり方を表す様々なカテゴリー

カテゴリー	概　要
ヘテロセクシュアル（Heterosexual）	異性愛者。異性に性的関心が向かう人。
レズビアン（Lesbian）	女性同性愛者。性的欲求の対象が同性の女性。
ゲイ（Gay）	男性同性愛者。性的欲求の対象が同性の男性。
バイセクシュアル（Bisexual）	両性愛者。同性にも異性にも性的欲求が向かう。
トランスジェンダー（Transgender）	性別越境者。出生時に割り当てられた性別（身体の性別）とは異なる性別（性自認）で生きる人、生きたいと望む人。
クエスチョニング（Questioning）	自身の性のあり方を決められない、あるいは探している人。
アセクシュアル（Asexual）	性的な欲求を持たない、あるいは少ない人。

出典：筆者作成

る。しかし、性同一性障害を同定できるのは医師のみであることに留意が必要である。性同一性障害という言葉を安易に用いることは、性的マイノリティであることを病気とみなすこと、すなわち病理化につながるからである。また、大人が当事者の子どもを性同一性障害と誤って認識したり、支援したりすることによって、本来治療の必要のない子どもを性同一性障害に誘導してしまう可能性もある。医療従事者ではない者が性別違和を訴える人を表すときは、「トランスジェンダー」いう言葉を用いる方がよい。また、トランスジェンダーの人がみな、性同一性障害の診断名を必要とするわけではない。性別違和は、性に対する考え方を変えたり、周りの環境を変えたりすることによっても変化するからである。性別適合手術は、あくまでも性別違和を軽減するための手段の一つにすぎないのである。なお、世界保健機関（ＷＨＯ）は、二〇一九年に性同一性障害を精神疾患のリストから除外し、新たに性別不合（Gender Incongruence）として位置づけることを決めた。

２　ＳＯＧＩＥを理由とした差別

（１）性的マイノリティの子どもを取り巻く事態

性的マイノリティの子どもが差別やいじめ被害に遭いやすく、不登校や自傷行為、自殺願望と密接な関係があることが国内外の調査で明らかになってきた。★1 日本における調査で代表的なものは、日高庸晴らによるゲイ・バイセクシュアル男性を対象とした調査である。二〇〇五年の調査によると、当事者の五四・五％が「ホモ・オカマ」などの言葉による暴力被害を経験しており、当事者の六五・九％が自殺を考え、一四％は自殺未遂を経験していることが明らかにされた〔日高ほか、二〇〇七〕。これらの調査は、ゲイ・バイセクシュアル男性に限定したものであったが、二〇一三年に東京都の市民団体「いのちリスペクト。ホワイトリボン・キャンペーン」が、いわゆる「ＬＧＢＴ」と呼ばれる性的マイノリティの学校生活に関する調査★2を行なった。この調査では、ゲイ・バイセクシュアル男性に限らず性的マイノリティ当事者の約七二％が、複数学年に渡って継続的にいじめや暴力を受けていた実態が明らかにされた。しかも、約二〇％の当事者が小学校一年生、すなわち入学してまもなく、そうしたいじめや暴力を受けていたと回答している。このことは、小学校一年生の時点ですでに、性的マイノリティに対する差別が始まっていることを示しており、性的マイノリティに対する差別や偏見の内面化（身体に取り入れること）が、小学校低学年もしくは、就学以前からすでに起こっている可能性を示している。また、継続的ないじめや暴力の結果として、回答者全体では、「学校に行くのがいやになった」四三％、「クラスで孤立した」二八％という結果も公表された。なお、グループごとの比較では、性別違和のある男子の場合、「学校に行くのがいやになった」が五二％、「クラスで孤立した」が四八％に上り、性的マイノリティの中でも特に「性別違和のある男子は被害体験の長期化や、被害内容のエスカレート（性的いじめを含む）が見られ、クラス内での孤立も著しかった」としている［いのちリスペクト。ホワイトリボン・キャンペーン、二〇一四、一三頁］。

さらに、国際ＮＧＯヒューマン・ライツ・ウォッチは、日本国内の性的マイノリティ当事者の生徒や教職員などを対象に行った質的調査（インタビュー）を行い、二〇一六年五月に報告書『「出る杭は打たれる」日本の学校におけるＬＧＢＴ生徒へのいじめと排除』を公表した［Human Rights Watch, 2016］。同報告書は、日本の学校での性的指向とジェンダー・アイデンティティ、あるいはジェンダーの表明に基づくいじめや差別の現状を明らかにした。その中で、ヒューマン・ライツ・ウォッチは、「日本政府は、ＬＧＢＴの生徒特有の脆弱性に着目した効果的ない

★１　［日高ほか、二〇〇七］、［いのちリスペクト。ホワイトリボン・キャンペーン、二〇一四］、［Human Rights Watch, 2016］など。

★２　この調査では、調査対象者となる条件の一つとして「ＬＧＢＴ（レズビアン、ゲイ、バイセクシュアル、トランスジェンダー・性同一性障害など）当事者、およびそうかもしれないと思っていること」を挙げている［いのちリスペクト。ホワイトリボン・キャンペーン、二〇一四、一頁］。

じめ防止策を策定していない」ことや教職員に対して必要な研修を行なっておらず、「性的指向とジェンダー・アイデンティティに関する教育内容についての、国際的人権上の日本政府のコミットメントを守っていない」と指摘するとともに、日本政府に対して具体的な提言を行なっている〔同前、一—七頁〕。

(2) 性的マイノリティへの差別はなぜ起こるのか

では、性的マイノリティへの差別はなぜ起こるのだろうか。性的マイノリティに対する差別的な行為（否定的な言動、いじめ、からかい、暴力、ヘイトスピーチなど）は、同性愛者に対する嫌悪（同性愛嫌悪）やトランスジェンダーに対する嫌悪（トランス嫌悪）が言葉や行動となって表れたものであると言える（図1—2）。では、人が同性愛嫌悪やトランス嫌悪を抱くのはなぜであろうか。こうした嫌悪感や差別意識の背景にあるのが、社会的に構築された異性愛規範（Heteronormativity）とジェンダー規範（Gender Norms）である。異性愛規範は、異性同士の恋愛が自然でそれ以外の性愛の形は不自然であるという思い込みであり、ジェンダー規範は、女らしさや男らしさといった女性／男性に対する固定的な価値観やイメージのことである。人々がこうした規範を身体に取り込み内面化することによって、そうした規範から逸脱することへの恐怖や嫌悪が生まれる。性的マイノリティの性のあり方や振舞いは、こうした規範からずれやすいので、いじめや暴力の対象となりやすいのである。しかし、性の規範から逸脱することでいじめや暴力の対象となるのは、性的マイノリティだけとは限らない。性的マジョリティもこうした規範から逸脱しているとみなされると排除の対象とされる場合がある。そのため、女らしさや男らしさを誇張して表現したり、行動したりするようになる。また、自分がいかに男らしいか、あるいは女らしいかを証明したり、誇張したりするための手段として、ジェンダー規範や異性愛規範からずれる振舞いをする者への攻撃が行なわれることもしばしばある。このような攻撃を通して、自身の男らしさや女らしさを誇張し、自分は性的マイノリティではないことを証明しようとするのである。特に男性同士の間で多く見られることだが、絆を深めるために同性愛嫌悪や女性嫌悪（ミソジニー）が動員されることがある。男らしくない者への攻撃を通して、男同士の社会的な絆を深めようと

図 1-2　性的マイノリティへの差別が起こる構造

規範（社会）	異性愛規範（男女の恋愛が普通）	ジェンダー規範（男らしさ／女らしさ）
	内面化	
嫌悪（身体）	同性愛嫌悪	トランス嫌悪
	表面化	
差別（行為）	LGBT に対する排除、暴力、ヘイトスピーチ	

出典：筆者作成

するのである。こうした同性同士の間での社会的な絆を「ホモソーシャル」という〔Sedgwick, 1985=2001〕。子どもたちが男らしさや女らしさを強調したり、男らしくない／女らしくない者を攻撃したりするのは、すでにホモソーシャルな関係性が子どもたちの間で成立していることを示していると言える。

第2章　ジェンダー・セクシュアリティと教育に関する理論

前章では、性の多様性を人権の側面から理解するために必要な基本的な考え方や、性的マイノリティの子どもを取り巻く差別の実態について見てきた。ジェンダーおよびセクシュアリティに関する先行研究は、こうした差別の問題がなぜ起こるのか、何が差別を支えているのかなどを明らかにしてきた。ここであらためてジェンダーおよびセクシュアリティと教育に関する理論を確認し、次章以降に論じる多様性の視点でつくる教育を支える理論的なフレームを設定する。

1 隠れたカリキュラムとセクシズム

非異性愛の子どもやジェンダー規範にそぐわない子どもは、いじめや不登校に遭いやすく、既存の学校空間では排除の対象とされてきた。ここでは、そうした学校空間に存在する性的マイノリティへの差別や性差別が再生産されるしくみについて見ていく。はじめに、学校文化とジェンダーについての木村涼子の議論から見ていく。

木村は、学校文化における平等原則とセクシズム（性差別主義）の共存というダブルスタンダードの状態について次のように述べている。

女子生徒たちは二つの矛盾するメッセージを受け取ることになる。第一は、「男女は同じ人間として、同じことをすべきだし、そうできる」という近代市民社会の平等原理のメッセージであり、第二は「男女は異なる存在として、同じことをしてはいけないし、できない」というセクシズムのメッセージである。［木村、一九九九、五一頁］

男女の平等原則に基づく前者のメッセージと、男女は異なるものであるという後者のセクシズムのメッセージは、本質的に対立するものである。相反する二つの価値基準が近代学校で共存するのはなぜか。

少なくとも現実社会に出る前の学校空間では、男女平等が実現されていると考える人は多い。二〇一二年に内閣府が実施した男女共同参加画社会に関する世論調査でも、六七・〇％の人が学校教育の場においては男女の地位が平等であると答えている[★1]〔内閣府大臣官房政府広報室、二〇一二〕。

学校空間が一般に「平等」な場であると認識されているのは、近代学校が実現している法的および制度的な平等によるところが大きいと考えられる。日本の学校教育のあり方の基本を定めた教育基本法の第三条（教育の機会均等）には、次のように書かれている。

すべて国民は、ひとしく、その能力に応ずる教育を受ける機会を与えられなければならないものであって、人種、信条、性別、社会的身分、経済的地位又は門地によって、教育上

★1　二〇一六年五月に福岡県立修猷館高等学校で行なわれたジェンダー意識に関する調査でも、「性別による不利益を受けたことがある」と回答した生徒は、男子生徒二一％、女子生徒一四％であり、女子生徒は性別による不利益を男子よりも認識していないことが示された。詳細は、『修猷新聞Ｎｅｏ』二〇一六年ＳＰＲＩＮＧ号を参照。

差別されない。〔教育基本法　第三条〕

現在でも男子校や女子校が存在するが、同法第五条では、男女共学が定められており、基本的には男女が同質の空間（教室）で、同じ教材を使い、同一の教育内容を受けることが法的には保障されている。したがって、教育を受ける機会は等しく開かれており、男女平等であるということである。

教育基本法に示された機会均等の理念は、近代公教育における基本的な理念であった。しかし、現実の学校空間においては、セクシズム（性差別主義）が存在し、学校は依然として男性優位の場であり、男女平等とは言えない空間であることを多くの先行研究〔木村、一九九九：笹原、二〇〇三など〕が指摘してきた。学校は法的および制度的には、男女平等を標榜しているが、男女平等の原則が徹底されている場とはなっていない。学校文化の中には、「セクシズム（性差別主義）が浸透し、「隠れたカリキュラム」として子どもたちに教授されている」からである〔木村、一九九九、六八頁〕。

学校空間では「正規カリキュラム（official curriculum）」の他に、「隠れたカリキュラム（hidden curriculum）」が存在し、子どもたちは隠れたカリキュラムを通して様々なことを学習している。このような知見は、一九七〇年代以降のジェンダーと教育に関する研究によってもたらされたものである。隠れたカリキュラムという用語は、教育学者のフィリップ・ジャクソン（Philip Jackson）による教室の描写の中で用いられた言葉で、アメリカ合衆国では、一九世紀末の大量移民の影響を受けて発展し、一九七〇年代ごろからは、フェミニズム運動や女性学の領域でも用いられるようになった。隠れたカリキュラムは、学習指導要領に代表されるようなフォーマルなカリキュラム（正規カリキュラム＝明示的カリキュラム）とは異なり、インフォーマルなレベルで児童生徒たちに教えられる知識や価値体系のことである。それらは教員の言動や学校で用いられる男女別の名簿など、様々なやり方を通して、潜在的に伝えられる。したがって、隠れたカリキュラムの内容は、明文化されたものでもなければ、教員によって意識的に教えられるものでもない。

また、隠れたカリキュラムと正規カリキュラムは、それぞれが独立して存在するものではなく、両者は連動するものであることも指摘されている。「正規カリキュラムにおける内容の選択もまた、支配的集団の権力を正当化」するために利用されるのである［Posner, 1995］。例えば、日本の公立学校における正規カリキュラムでは、同性愛を否定もしなければ肯定もしていない。杉山貴士は、こうした状況を「同性愛を封印した状態」と言い、「同性愛の封印状況は、実は封印ではなく、否定であり排除である」と指摘している［杉山、二〇〇六、六七―七九頁］。このように、正規カリキュラムと隠れたカリキュラムは、連動しながら、学校空間におけるジェンダーおよびセクシュアリティの再生産機能を可能にしている。

木村が言うように「学校教育には、ジェンダー及び不平等なジェンダー・リレイションを再生産する機能があり、そのために、一見男女平等に見える学校の文化には「見えない（invisible）」側面が組み込まれている」〔木村、一九九九、二七頁〕。同様に、学校教育はヘテロセクシズムと同性愛嫌悪をも再生産するイデオロギー装置として機能しているのである。「男らしさ」や「女らしさ」とはまさに、そうしたイデオロギー装置としての学校教育が再生産してきたものに他ならない。その結果、非典型的なジェンダーであったり、非異性愛であったりする（クィアな）★2児童生徒は、矯正あるいは排除の対象とされてきたと言える。

2　ジェンダーの再生産装置としての学校

佐藤学は、『学びの快楽』における「ジェンダーとカリキュラム」と題した節の中で、近代学校が「セクシュアリティの中性化」を通してジェンダー秩序を再生産する装置として機能してきたことを次のように指摘している。

学校は、セクシュアリティを剥奪した均質空間においてジェンダーを生産し、再生産する装置である。この中性化（脱セクシュアリティ化）は、近代学校を制度化した二つのイデオロギーの産物である。一つは、国民国家を構成した国民教育のイデオロギーであり、もう一つは、啓蒙の観念を基礎とした人間主義のイデオロギーである。近代の学校は、男と女を均質な「国民」へと統合し普遍的な「人間」へと抽象する装置として組織されてきた。しかも、このセクシュアリティの中性化は、家父長制の家族関係を教育関係の規範とすることによって、ジェンダーの再生産を推進してきたのである。〔佐藤、一九九九、三八七―三八八頁〕

佐藤が言うように、近代の学校は、「男と女を均質な「国民」へと統合し普遍的な「人間」

★2　「クィア」は、特定のカテゴリーに回収できない／されたくない性的マイノリティを表す包括的な表現。かつてクィアという言葉は、非異性愛者に対する侮蔑表現であったが、当事者たちはこの言葉をあえて引き受けることで、異性愛主義的な意味合いを転倒させ、むしろ誇りをもって自称するようになった。詳しくは、本書一九二―一九五頁を参照。

という中性化された表象によって、ジェンダー秩序を隠蔽する作用をはたしてきた。しかし、一方では、「社会と家庭の性的役割分業によってジェンダーを顕在化するという二重の作用」が組み込まれてもいる。タイヤックらは、一方における性差の縮小と、もう一方における性差の拡張が、近代の教育においては共犯関係を成していると指摘している。例えば、アメリカのハイスクールでは、「男女共学」によって「男らしさ」を喪失するのではないかという危惧が課外のフットボールを生み出し、その「男らしさ」を脇で支えるものとして、チアガールが生まれたというものである［Tyack and Hansot, 1990］。このように、男女平等とされてきた近代の学校は、中性化という欺瞞性を通して、一方では家父長制の家族を規範としたジェンダーの再生産の役割を果たしてきたと言える。

中村美亜は、「クィア」なセクソロジー（性科学）の立場から、日本において性教育やセクソロジーが広まらない理由を次のように述べている。

> 性教育が避妊や性感染症予防や、性暴力や性の多様性への理解を深めることによって、私たち一人一人の生き方を個性的で豊かに変えるように、それとまさに同じ理由で、私たちの生き方を国家や巨大資本がコントロールするのを困難にするからだ。［中村、二〇〇八、一七二頁］

このように中村は、日本で性教育が広まらない理由を、「私たちの生き方を国家や巨大資本がコントロールするのを困難にするからだ」としている。したがって、二〇〇〇年代初頭から日本で起こったジェンダーフリー教育を標的としたバックラッシュの理由も、性教育のやり方が不適切であるとか、性教育そのものの有効性とは関係がない。そうではなく、国家による性教育への介入は、国民の性／生への介入であり、統制であると言うことができる。

近代国家は、性を監視／管理することで、「国民」を育て上げ、管理してきた。そうした管理体制のもとで、一人一人の多様性や〝性の多様性〟は、管理の対象とされ、国民から剥奪されてきたと言える。個性や多様性を抑圧し、管理することこそ、近代国家の統制のシステムであると言える。

ここまでは、ジェンダーおよびセクシュアリティと学校教育に関する理論について検討してきた。まず、隠れたカリキュラムに関する議論から、日本の学校は、教育基本法に定められているように、制度上、あるいは理念上は、男女平等を標榜しているが、実際には非公式な形で性差別や同性愛嫌悪を学校空間を通して再生産してきたと言える。また、隠れたカリキュラムは、正規カリキュラムが連動することによって、性差別と同性愛嫌悪を再生産してきた。正規カリキュラムにおける内容の選択も権力の行使であって、カリキュラムの中に入れないこと、触れないことによって、否定や排除をすることが可能となる。このようなシステムの下で学校は、性の多様性を無視したり、性的マイノリティに対する差別や偏見を放置したりすることによって、性的マイノリティに対する差別や偏見の再生産に加担してきたと言える。

3　ジェンダー・セクシュアリティに関する理論

ここであらためて、学校空間における性の多様性排除の仕組みを明らかにするために、多様性を排除する「ジェンダー秩序」に関する基本的な理論を確認しておく。

ジョーン・スコット（Joan Wallach Scott）は、ジェンダーを「性差の社会的組織化」と表現し、次のように説明している。

　このことは、ジェンダーが男と女のあいだにある固定的で自然な肉体的差異を反映しているとか、それを実行にうつしているといった意味ではない。そうではなくてジェンダーとは、肉体的差異に意味を付与する知なのである。（中略）私たちは性差を、肉体について私たちがもっている知との相関においてしか見ることができないが、その知とは「純粋」なものではなく、幅広い言説のなかでそれがもっている含意から切り離すことはできない。

［Scott, 1988=1992 : 16-17］

スコットによれば、肉体について私たちが持っている知（セックス）は、社会的な関係性から切り離すことは不可能であり、すでにジェンダー化されているということである。ジェンダーに先立って、確固たる生物学的な基盤が存在しているのではなく、ジェンダーの視点から、これまで「自然」と考えられてきたセックスを再構成する見方は、性差別やヘテロセクシズム（異性愛至上主義）を考える上で重要なコンセプトの一つである。

より明確に、生物学的な「基盤」としてのセックスの意味を転倒させ、むしろジェンダーに由来するセックスという見方を主張したのがジュディス・バトラー（Judith Butler）であった。

実際おそらくセックスは、つねにすでにジェンダーなのだ。そしてその結果として、セックスとジェンダーの区別は、結局、区別などではないということになる。したがって、セックスそのものがジェンダー化されたカテゴリーだとすれば、ジェンダーをセックスの文化的解釈と定義することは無意味となるだろう。ジェンダーは、生得のセックス（法的概念）に文化が意味を書き込んだものだと考えるべきではない。ジェンダーは、それによってセックスそのものが確立されていく生産装置のことである。［Butler, 1990=1999 : 29］

バトラーの主張は「セックスは、つねにすでにジェンダーである」ということである。したがって、セックスとジェンダーの区別は不可能であり、そのような区別はもはや無意味であるということになる。ここで重要なことは、我々が認識可能な生物学的な差異（セックス）は、つねにすでにジェンダーという認識枠組みを通過したものでしかないということである。セックスやジェンダーに対するこのような見方は、社会が個人（の身体）に要求してくる、男らしさや女らしさといった規範が恣意的なものにすぎないことを暴露させるものである。

しかし、性差別やヘテロセクシズムは、「ごく自然な異性愛の社会と家庭」［Makow, 2007=2010 : 54］といった言い回しで、あたかもジェンダーに先立って、生物学的な基盤が存在するという前提に立ちながら、異性愛規範とジェンダー規範を自然の問題へと回収しようとしてきた。

一方、社会学者のレイウィン・コンネル（Raewyn Connell）は、次のような指摘をしている。

ジェンダーをめぐる議論は、生物学的もしくは「自然的＝先天的」なるもののほうが、社会的なるものよりも現実的・固定的であるという前提に悩まされてきた。（中略）要するに、社会過程はそれに固有の拘束力、それ自体の解体を防ぐ抵抗力をもっているのである。とはいえ、それはあくまでも人間がつくりだしたものである。この点で、女性やゲイにたいする抑圧は、主体としての人間の問題であって、自然の問題ではない。［Connell, 1987=1993 : 17-18］

コンネルは、「社会過程はそれに固有の拘束力、それ自体の解体を防ぐ抵抗力をもっている」と述べているが、「女性やゲイに対する抑圧」とは、まさにそうした社会過程に固有の拘束力、それ自体の解体を防ぐ抵抗力の表れであると言うことができる。このようにジェンダーは、個人の生き方を制御する働き、「個人の行動を制御する構造の力」を持っているのである［Connell, 2002=2008 : 22］。したがって、ジェンダーは、個人を管理統制するためのシステムであり、方法であると言うことができる。ジェンダー規範から逸脱することへの恐怖が、個人の管理と社会的な統制に利用されてきたのである。このジェンダー規範に依拠しながら、国民を統制するシステムとして利用されているもう一つの規範が、異性愛規範である。異性愛規範から逸脱することへの恐怖、すなわち同性愛嫌悪（ホモフォビア）もまた、社会的な統制のために動員されてきたものであると言えるだろう。

ここで、ジェンダー規範と異性愛規範との関係を確認しておきたい。イヴ・K・セジウィック（Eve Kosofsky Sedgwick）は、「ホモソーシャルな欲望」について論じた『男同士の絆』の中で次のように述べている。

男性の「ホモソーシャルな欲望」の連続体内で様々な変化が同時に起きたが、それは、他のもっと明白な変動と緊密に結びついており、(中略)この関係のいかなる要素も女性およびジェンダー・システム全体との関わりを抜きにしては理解しえない。[Sedgwick, 1985=2001 : 1]

セジウィックの議論によれば、父権制社会とは男たちの社会的連帯によって成立しており、この結びつきには潜在的に、同性愛的欲望が入り込んでいる[Sedgwick, 1985=2001 : 2]。しかし、男性中心の親族体系には「強制的異性愛」が組み込まれており、同性愛的欲望を隠蔽するために、男性間での女性の交換が行なわれたり、同性愛者を攻撃し排除したりすることによって、男同士の社会的連帯は維持される。したがって、同性愛嫌悪および異性愛規範は、男性中心の親族体系(父権制社会)を支える装置であると同時に、それは女性を男性に比して劣位に置くジェンダー・システムと密接な関わりを持っているのである。

本書もセジウィックのこのような考え方に依拠しており、同性愛嫌悪や異性愛規範は、ジェンダー・システム全体との関わりを抜きには理解できないものと考える。

4　同性愛嫌悪と異性愛至上主義

ではここからは、多様性を排除するシステムの中でも特に、同性愛（者）を排除する仕組みを理解するために、同性愛嫌悪（ホモフォビア）および異性愛至上主義（ヘテロセクシズム）に関する理論を確認していく。

同性愛者の近くにいることへの恐怖、……同性愛者に対する嫌悪と、しばしばそれに報いる罰を与えたいという欲望。［Weinberg, 1972］

一九七二年、ジョージ・ワインバーグ（G. Weinberg=Thomas Weinberg）は、『社会と健康な同性愛者（*Society and the Healthy Homosexual*）』の中で、同性愛嫌悪という概念を定義し最初に一般化した。同じ年、フランスでは、精神分析学者のギィー・オッカンガム（Guy Hocquenghem）が『ホモセクシュアルな欲望』を出版し、その冒頭で「問題なのは、同性愛の欲望ではなく、同性愛に対する恐怖なのである。なぜ、その〔同性愛という〕言葉を単に述べることが嫌悪や憎悪の引き金になってしまうのだろう」と述べている［Hocquenghem, 1972=1993］。同性愛を忌避し、恐怖・嫌悪する社会の側を問題にし、「同性愛嫌悪」という概念を確立したことは、ゲイ・レズビアン研究におけるパラダイム的転換であった。同性愛嫌悪を減らす効果的な教育の介入について取り組んできたジェームズ・シアーズ（James T. Sears）によると、「同性愛嫌悪」という言葉は、心理的な暴力、社会的・政治的攻撃性を意味するようになってきているという。

ここ数十年間の間にこの用語は臨床的な意味を薄れさせ、身体的脅迫、言葉による嫌がらせ、自己開示への恐れや同性どうしの親しい交わりの欠如をもたらす心理的な暴力を表すようになってきている。そして、反ゲイ感情と行動を促し強化する州レベルにおける住民投票から州議会の発議に至るまでの、一連の社会的・政治的攻撃性を表すようになってきている。〔Sears, 1997=2002〕

ワインバーグやオッカンガムが同性愛嫌悪という考え方を提唱してから四五年を経た現在もなお、同性愛嫌悪は社会の中で起こる現象（性的少数者の排除や暴力）を説明するために有効な概念であり、実際に同性愛嫌悪に起因すると考えられるヘイトクライムが起こっている。[★3]日本も例外ではなく、一九九〇年半ばから二〇〇〇年ごろには、東京都の夢の島公園において、同性愛者を標的とした強盗殺人事件、いわゆる「ホモ狩り」が多発した。しかし、こうした事件の多くが単に「凶悪化する少年犯罪」という枠組みで報道されることによって、同性愛者を標的としたヘイトクライムであることが不可視化されてきた側面もある。[★4]

同性愛嫌悪は、もともと心理学を起源とする用語であり、「同性愛に対する恐怖、態度、あるいは偏見などの問題とされ、同性愛を差別する個人の精神状態の問題」と位置づけられていた。しかし、「ホモフォビアをひとつの「病理」として構築することは、同性愛を病理化しないかわりにもうひとつの病気を生み出す」ことにつながってしまう［河口、二〇〇三、三〇頁］。また、同性愛嫌悪を臨床的な病理と位置づけることによって、同性愛嫌悪を可能にしている社会との関係や社会構造の問題を隠蔽してしまう可能性もある。そうした中で、より社会的・政治的な問題として位置づけるために生まれたのが、もう一つの「ヘテロセクシズム（異性愛至上主義）」という用語である。

ヘテロセクシズムというのは新語で、セクシズム（性差別主義）から生まれたものだが、異性愛規範が（暗黙の了解として）当然のこととされ、それを背景としたさまざまな偏見を指

★3　二〇一六年六月一二日、米国フロリダ州オーランドの同性愛者が多く集まるナイトクラブで銃撃があり、市当局の発表によれば五〇人が死亡し、五三人が負傷した（時事通信）。

★4　詳しくは、［河口、二〇〇三、一一九―一三九頁］を参照。

す場合に用いられる。……「ヘテロセクシズム」は時として「同性愛嫌悪」と同義に用いられることがあるが、はっきりと区別して使用される場合もある。〔West, 2004=2006 : 130〕

同性愛嫌悪が、「同性に対する欲望とそれを体験する人々に対してより強く嫌悪感を表したり、憎しみをぶつけたり、暴力をふるったりすることを指す」のに対して、「ヘテロセクシズム」は、そうした差別や偏見が異性愛規範や基準に固執することに起源を持つことをより明確に表すことができる〔West, 2004=2006〕。ヘテロセクシズムは、そうした社会のイデオロギーや構造を指摘する、より社会学的な概念であると言うことができる。

性的マイノリティに対する差別や暴力を単に個人が抱える憎悪ととらえるのではなく、社会的な差別の問題、あるいは異性愛規範の問題と考える視点は、学校空間に蔓延する性的マイノリティに対する暴力を考える上でも重要な視点であると言える。

一方、異性愛者と同じ社会（家、学校、職場など）に暮らす同性愛者もまた、特に異性愛者（と思われる者）の前では、同性愛（者）へ嫌悪感を示すことがある。いったいなぜ、同性愛者が自分や他の同性愛者に対して嫌悪感を示さなくてはならないのだろうか。このような現象に関連する用語に、「内面化した同性愛嫌悪（Internalized Homophobia）」、あるいは「内なる同性愛嫌悪（Internal Horrophobia）」がある。シアーズによるとこの言葉は、次のように説明されている。

この言葉は、ゲイ男性とレズビアンが、同性愛者あるいはホモセクシュアリティに対する否定的な感情と態度を、意識的あるいは潜在意識的に採用し受け入れることを意味するようになってきた。これらの否定的な感情の顕示は、ゲイの誇りを誇張したり、すべての異性愛を否定したりするのと同様に、自分が同性愛者であるということを発見し、否定あるいは不快に思うことへの恐れ、そして他のレズビアンやゲイの男性への攻撃において明白に表れている。［Sears, 1997=2002 : 180］

同性愛嫌悪やヘテロセクシズムは、社会の中にただなんとなく浮遊しているというものではない。同性愛嫌悪は、それが異性愛者であろうと同性愛者であろうと、主体への内面化の過程を通さなければ効果を発揮できない。すなわち、同性愛嫌悪が作用するとき、同性愛嫌悪は作用する主体内部につねにすでに内面化していると言うことができる。逆に言えば、同性愛嫌悪が内面化をしていないときには、同性愛嫌悪は主体に作用することができないのである。同性愛嫌悪が、主体への内面化という過程を通して初めて、現実に、主体内部に変化をもたらし、同性愛者の身体を動かし、拘束し、言葉を支配する形で作用するとすれば、同性愛嫌悪の内面化という現象が、いつ、どこで、どのような仕方でなされるのかを知ることは重要である。

ジェンダー規範と同性愛嫌悪が当たり前のものとみなされる学校空間においては、性的マイノリティの子どもも、ジェンダー規範や同性愛嫌悪を内面化することになる。その場合、当事者の子どもは、ジェンダー規範や同性愛嫌悪を必ずしも認識しているわけではない。そればかりか、自分自身の内面化した同性愛嫌悪に気づくことは大きな困難をともなう。それは、ジェンダー規範的で同性愛嫌悪的な日常を通して、自分たちはいじめられ、嘲笑されるのが当然であり、それらに憤慨することなどあり得ないと思い込んでしまうことがあるためである。

一方、ポストコロニアリズムにおいて、「内なる植民地支配」は、それが「無意識」であるからこそ成立し、植民地主義を再生産してきた。「無意識」は、ポストコロニアリズムが生存し続けるための戦略なのである。内面化した同性愛嫌悪=内なる同性愛嫌悪もまた、無意識であるからこそ、主体に作用し続ける。フランツ・ファノン（Frantz Fanon）が「自己の疎外を意識せぬ限り、決然と前進することはできない」と言ったように［Fanon, 1966=1996：220］、内なる同性愛嫌悪の作用を停止させるためにはまず、同性愛者が、自らを取り巻く同性愛嫌悪を意識すること、すなわち「無意識を意識化する作業」が必要である。

また、同性愛者の間では、「ストレートのように振舞う」、あるいは、「ストレートとしてパスする」という言葉が使われることがある。このストレートのように振舞うことの本質には、「ゲイ性と軟弱さやキャンプ[★5]を結び付けて考える異性愛規範的な社会構造への訴えかけがある」

が、その一方で「同性愛嫌悪や両性愛嫌悪のように内在化された抑圧の結果、ストレートのように振舞っている」可能性もある［Evans, 2004=2006：302］。実際のところ、カミングアウトすることで身に危険が及ぶような場合は特に、むしろ積極的にストレートのように振舞うことが要請され、時には自身の性的指向を隠すために、同性愛嫌悪的なことを言ったり、他の同性愛者へ向けて攻撃を行なったりすることもある。このように、内面化した同性愛嫌悪は、自己の性的指向を隠蔽させたり、他の同性愛者への攻撃として表れたりもするのである。こうした同性愛嫌悪の内面化は、家庭や学校などのいたるところで起こりうる。ミシェル・フーコー（Michel Foucault）によると「権力」は偏在し、「権力は至る所にある」という［Foucault, 1976=1986：120］。これと同じように、同性愛嫌悪も偏在し、私たちをヘテロセクシズムと同性愛嫌悪の制度内部に取り込もうとする。私たちの内部にヘテロセクシズムと同性愛嫌悪を構築し、内面化を果たそうとするのである。それが、ヘテロセクシズムと同性愛嫌悪の戦略なのである。

ここまで、本書の基盤となるジェンダーおよびセクシュアリティに関する理論を概観してき

★5　キャンプ（Camp）とは、「華やか美的過剰性と皮肉味のきいたユーモアという側面を合わせ持った感性を指す言葉である」［Evans, 2004=2006：55］。

た。スコットやバトラー、コンネルの議論からは、ジェンダー秩序や異性愛規範が、「自然」を装いながら、個人を管理統制するシステムであり、女性や性的マイノリティに対する抑圧を通して、男同士の社会的連帯および男性中心の父権制社会を支えてきたことがわかった。さらに、セジウィックのホモソーシャルに関する議論からは、同性愛嫌悪および異性愛規範が、女性を男性に比して劣位に置くジェンダー・システムと密接な関係があることがわかった。つまり、女性や性的マイノリティへの抑圧や暴力の根底にあるものが、ジェンダー・システムであるということである。

また、性的マイノリティに対する抑圧や暴力を説明するために、同性愛嫌悪およびヘテロセクシズムという概念についても見てきた。これらの概念は、当事者を問題化する視点から、同性愛者を忌避し嫌悪する社会の側を問題化する視点へと転換させるものであった。社会を問題化するという基本的な考え方は、女性に対する差別や他の性的マイノリティへの差別を考える上でも重要な基本的コンセプトであり、あらゆる差別問題を考える上でも欠くことのできないものである。さらに、ポストコロニアル理論を援用しながら、内面化した同性愛嫌悪についても検討し、内なる同性愛嫌悪を無効化するには、無意識を意識化する作業が必要であることを指摘した。

第3章　学校は性の多様性をどう教えてきたか

前章までは、多様な性の視点でつくる教育の前提となる基本的な考え方や、本書が依拠する理論的なフレームを確認してきた。この章では、これまでの日本の学校教育について、多様な性の視点から見たときにどのような問題があるのかを明らかにしていく。具体的には、過去に文部省が作成した生徒指導資料の記述や学校で使われてきた教材を例に、日本の公教育が同性愛嫌悪を教えてきた事実を確認する。また、教職員を対象としたアンケート調査をもとに、多様な性についての教職員たちの理解の実態についても明らかにする。

1　教材・教育課程の中の同性愛嫌悪

(1) 非行とみなされていた同性愛

日本の学校において同性愛は、長い間非行の一形態として位置づけられていた。資料3―1は、一九七九年に発行された『生徒の問題行動に関する基礎資料――中学校・高等学校編――』の一部である。

ここには、科学的な根拠の乏しい憶測に基づいた記述が見られるだけではなく、「一般的」や「社会道徳」という、もっともらしい言葉を用いて同性愛に対する差別を正当化している記述が見られる〔文部省、一九七九〕。動くゲイとレズビアンの会が、東京都の社会教育施設「府中青年の家」の利用を都教育委員会から拒否された事件が起きたのは、一九九〇年二月のことであった〔動くゲイとレズビアンの会、一九九二〕。当時は教育委員会や文部省でさえも、同性愛者に対する認識、人権意識が希薄な時代であったことが推測される。一方、現在の文部科学省が発行している『生徒指導提要』では、このような同性愛に対する差別的な記述は見られない〔文部科学省、二〇一〇b〕。しかし、約三〇年前といえども、文部省という公的な機関が、公文書の中で同性愛を非行と断定し、同性愛に対する偏見を助長してきたことの影響が大きいことは想像に難くない。二〇一五年三月に行なわれた「性的マイノリティについての意識調査二〇一五年全国調査」では、身近な人が性的マイノリティであった場合の嫌悪感についても質問しているが、その結果を年代別に比較すると、年代が上であるほど嫌悪感を示す割合が高かったという［釜野ほか、二〇一六］。このような結果は公教育の結果であるという見方もできる。

資料3―1　『生徒の問題行動に関する基礎資料――中学校・高等学校編――』（一九七九年）

Ⅳ　性非行

5　心理機制と指導上の配慮

（4）　倒錯型性非行

オ　同性愛

性的な行為が同性間で行われる場合である。この原因としては、生来的な要因に基づく場合もあるが、正常な異性愛が、何らかの原因によって異性への嫌悪感となったり、全寮制などの場合のように異性が存在しないことなどによって、その性的な欲求の吐け口を同性への愛に求めたりする例がある。

年齢が長ずるに従って正常にもどる場合が多いが、成人後まで持ち越されることもある。

この同性愛は、アメリカなどでの〝市民権獲得〟の運動もみられるが、一般的に言って健全な異性愛の発達を阻害するおそれがあり、また社会的にも、健全な社会道徳に反し、性の秩序を乱す行為となり得るもので、現代社会にあっても是認されるものではないであろう。

(2) 教材の中の同性愛嫌悪

資料3―2は、文部科学省が二〇〇二年から全国の小中学生に配布している『心のノート』の中学校編に出てくるページである。ここには「好きな異性がいるのは自然」とある〔文部科学省、二〇〇二、五二頁〕。この記述は、すべての子どもが異性愛に発達することを前提としたものであり、非異性愛を想定していないという点で公教育で使用する教材としては不適切である。同性への性的関心を自覚し始めた子どもは、自分の感情を不自然なものと理解し、自分自身の存在を恥じるかもしれない。性的関心を抱かない子どもは、自分はおかしいのではないかと錯覚するかもしれない。では、異性への性的な関心を自覚し始めた異性愛の子どもにとっては、自己の感情を理解したり、肯定したりするのに役立つ教材だと言えるだろうか。この教材で学んだ異性愛の子どもは、自己肯定感を獲得するのと同時に、異性愛ではない者を差別することを覚えるだろう。この教材は、意図せず同性愛嫌悪を教える教材となってしまっているのである。

ある調査で「気になる異性がいますか？」という質問に
中学3年生では半数近い人が「はい」と答えています。
あなたは「はい」「いいえ」のどちらでしょう？
好きな異性がいるのは自然
中学生で、好きな異性や意識してしまう異性がいるのは不思議でもなんでもない。
むしろ自然な気持ち、大切にしたい気持ち。
できればこの気持ち、毎日を生きるエネルギーにしていきたい。
二人きりの殻にこもってしまってはいけない。
だってまわりが見えなくなってしまうから。
あなたの人間としての幅を狭めることになってしまうから。
いつも一緒にいることよりも大切なことがある。
考えてみよう、あなたにとっての男女交際の在り方を。
「中学生の男女交際」私はこう思う。
52

資料3-2 『心のノート　中学校』

日本の学校で使われている教科書が異性愛主義に基づいていること〔小宮、二〇〇八〕や、教科書を選定する際の教科書検定そのものが多様なセクシュアリティを排除する方向性で行なわれてきたこと〔渡辺、二〇〇六〕は、すでに先行研究が指摘してきたことだが、性の多様性という観点から見れば、日本の学校教育や学校で使用されている教材は、極めて異性愛に偏ったものであり、著しく教育的公正を欠いていると言わざるをえない。

（３）性的マイノリティがおかれる教育的不公正

スウェイデナー（Beth Blue Swadener）は、教育的な公正の問題について次のように述べている。

教育的公正は、人種／エスニシティ、言語、宗教、ジェンダー、階級、家族構成、生活状況、身体的知的な能力や制約、あるいは（生徒や両親もしくは保護者の）性的指向などの理由によって、生徒（および家族）が差別されない環境で学習する権利をも含んでいる。〔Swadener 1997=2002〕

スウェイデナーによれば、教育的な公正は、すべての子どもを教室へ入れれば達成できるというものではなく、「カリキュラムや授業において子どもの文化的差異や一人一人の差異にも目を向ける」ことで達成できるものである〔同前〕。日本の性的マイノリティの子どもの多くが、教室内での言葉による暴力や身体的な暴力に脅かされていたり、不登校に追いやられたりしている現状を鑑みれば、性的マイノリティの子どもは、公教育において教育的な公正を保障されているとは言えない。

性的マイノリティと教育的公正の問題について、日本では一九九七年に、東京高等裁判所が公式の見解を示している。これは、社会教育施設である青年の家の利用を断られた同性愛者の団体（動くゲイとレズビアンの会）が、東京都教育委員会を相手に起こした裁判に対する判決で、判決文には次のようにある。

都教育委員会を含む行政当局としてはその職務を行うについて、少数者たる同性愛者を視野に入れた肌理の細かな配慮が必要であり、同性愛者の権利、利益を十分に擁護することが要請されるというべきであって、無関心であったり、知識がなかったりということは公権力の行使に当たる者として許されないことである。［『判例タイムズ』九八六号］

この判決で重要なことは、司法が教育行政に対して、①性的少数者を視野に入れた配慮が必要であること、②公権力を行使する者においては、性的少数者に無関心であったり、知識がなかったりすることは許されないと判断したことである。この判決は、性的少数者を視野に入れた公教育の必要性や、教員が性的少数者について無知であることが許されないということの根拠ともなるであろう。この判例に真摯に向き合い、現在の性的マイノリティの子どもを取り巻く状況を考えるならば、教育行政すなわち文部科学省は、性的少数者を視野に入れた対応、より具体的には、学習指導要領において性の多様性を視野に入れた改訂が求められていると言うべきだろう。日本の学習指導要領における異性愛規範の問題については、第７章で詳述する。

２　多様な性に関する教員の意識

（１）先行研究が明かしてきた教員の意識

では、実際に教育現場で働く教員たちは、性の多様性についてどの程度理解していて、性的マイノリティの子どもに対してどのような意識を持っているのであろうか。日高庸晴が、全国の自治体の五九七九人の教員を対象に行なった性的マイノリティに関する意識および対応についての実態調査（調査実施時期：二〇一一年一一月―二〇一三年二月）によると、約半数の教員が「ＬＧＢＴについて、授業で取り扱う必要がある」と答えている〔日高、二〇一三〕。そのうち「同性愛について教える必要がある」と回答したのは六二・八％、「性同一性障害について教える必要がある」と回答した者が七三・〇％であった。したがって、教員の半数以上はＬＧＢＴについて授業で教える必要があると考えており、その中身については、同性愛について教える必要があると考える者よりも、性同一性障害について教える必要があると考える者の方が若干多いことがわかる。このような結果の背景には、これまでの文部科学省の通知が性同一性障害に偏っていたことなどがあると考えられる。

同調査によると、「LGBTについて授業に取り入れた経験」があるのは、一三・七％にとどまっている〔同前〕。同性愛については六割以上、性同一性障害については七割以上の教員が「教える必要がある」と考えているにもかかわらず、実際に教えたことがある教員は約一割という結果である。授業でLGBTについて取り上げなかった理由としては、「教える必要性を感じる機会がなかった」四二・三％、「同性愛や性同一性障害についてよく知らない」二六・一％、「教科書に書かれていない」一九・一％、「教えたいと思うが教えにくい」一九・一％、「学習指導要領に書かれていない」一五・二％と回答している。教える必要性を認識しつつも実際には教えていないという実態の背景には、学習指導要領や教科書の中に性的マイノリティや性の多様性についての記述が存在しないことの他に、そもそも教員自身が授業で教えられるほど性的マイノリティや性の多様性について「知らない」ために「教える自信がない」といった教員側の実情があるのではないかと考えられる。

さらに、四二・三％は「教える必要性を感じる機会がなかった」と回答している。このように回答した教員は、これまでに性的マイノリティの子どもと接する機会はなかったと認識しているか、性的マイノリティに対する差別を目の当たりにしたことはなかったと認識していると考えられる。しかし、教員たちのこのような認識は、性的マイノリティの子どもたちが直面する現実とは大きな隔たりがある。国内の調査では、人口の三〜八％前後が性的マイノリティであると推計されている［国立社会保障・人口問題研究所、二〇一九］。したがって統計上は、おそらくほとんどの教員が性的マイノリティと接しているはずであり、ただその存在が教員には見えていない、あるいは見え難いということである。さらに、性的マイノリティに対する差別事象は、めずらしいことではない。性的マイノリティの子どもが差別やいじめ被害に遭いやすく、不登校や自傷行為、自殺願望と密接な関係があることは、国内外の調査が明らかにしてきたことである。したがって、教員による「教える必要性を感じる機会がなかった」という回答は、現実に学校空間で生じている性的マイノリティに対する差別事象の多くを、教員たちが見過ごしている現実を表しているとも言える。より明確に言えば、教員の多くが性的指向や性自認を理由とした差別事象を差別事象とは認識していないのである。

また、同調査では、同性愛に関する基本的な知識についても、「同性愛は精神的な病気のひとつだと思いますか」という質問に、五・七％が「そう思う」、二五・一％が「わからない」と回答している。また、「同性愛になるか異性愛になるか、本人の選択によるものだと思いますか」という質問には、三八％がそう思う、三二・八％がわからないと回答しており、約七割の教員に知識の不足や誤解が生じていることがわかっている〔日高、二〇一三〕。こうした教員の知識の不足が、学校内で発生している性的マイノリティに対する暴力、あるいは性的指向や性自認を理由とした暴力を見過ごさせ、教える必要性を認識しつつも学校における具体的な指導を困難にさせている要因であると考えられる。

こうした多様な性に関する（性）教育の実施をめぐる教員の現状認識や葛藤、意識について、小宮明彦は、二〇〇七年から二〇〇八年にかけて質的な調査を行なっている。小宮は、全国の中学校（五一五八校）を対象に性教育に関する量的な調査を行ない、調査対象となった学校から面接調査への協力者を募り、計八名の教員に対して面接調査を行なった。その結果から小宮は四つの相、①性的少数者をめぐっての教師による認識の有無、②実践に際しての教師の余裕の有無、戸惑い、③学習課題としての「性の多様性」をめぐる教師の認識状況、④教師による性の多様性についての肯定的な情報伝達に類型化し分析をしている〔小宮、二〇一二〕。

この結果から小宮は、次のような結論を述べている。「ほとんどの教師は、性の多様性について何らかの知識を持っているが、それが生徒に伝達されているかとなると、教師自身の学習歴や現場のニーズをどう把握しているかによって異なってくる」〔小宮、二〇一一、一四九頁〕。さらに、教員のなかには、「生徒の中に性的少数者がいることをまったく想定していない教師」

もいることから、教員養成の場面で十全に学ばれる必要性があるともしている〔同前〕。小宮の調査は、教員の中にはすでに、性的マイノリティや性の多様性についてなんらかの知識を有している者がいるものの、それを授業に取り入れたり、生徒指導に活かしたりできる教員はまだ少ない学校現場の現状を明らかにしている。

（２）九州地方の教職員を対象としたアンケート調査

ここからは、私が九州地方の教職員を対象に行なった性の多様性に関するアンケート調査について見ていく。この調査は、二〇一五年四月から二〇一六年八月にかけて、「性の多様性についての理解を促すこと」を目的とした研修会を実施した際に、事前アンケートとして受講者に回答してもらったものである。

この調査では、研修を受ける前の教員の認識を把握するために、質問項目として次の五つの内容について尋ねた。それぞれの設問の意図は次の通りである。

問１　これまでに性の多様性や性的マイノリティに関する研修を受けた経験はありますか。

問２　「性的少数者」のうちどのくらいの割合が「性同一性障害」だと思いますか。

問3　東京都渋谷区で始まった「同性カップルに結婚に相当する証明書を発行する制度」は、「婚姻制度」と比べて平等な制度だと思いますか。

問4　「同性婚」が認められると「少子化」が進むと思いますか。

問5　「性的少数者」の存在や「多様な性」について、子どもにはいつから教えるべきだと思いますか。

問1「これまで性の多様性や性的マイノリティに関する研修を受けたことがありますか」は、性の多様性や性的マイノリティに関する受講者の既習状況を把握するために設けた問いである。

問2「「性的少数者」のうちどのくらいの割合が「性同一性障害者」だと思いますか」という質問を設定したのは、性的マイノリティに関する文部科学省の通知は、圧倒的に性同一性障害の表記が多いことから、性同一性障害という言葉だけが先行し、性的マイノリティ＝性同一性障害と考える教員が多いのではないかと考えたからである。

二〇一九年に国立社会保障・人口問題研究所の研究グループが大阪市で行なった無作為抽出による調査では、レズビアン、ゲイ、バイセクシュアル、トランスジェンダー、アセクシュアルに該当する人は三・三％であり、セクシュアリティについて「決めたくない・決めていない」

人を含めると八・二％に上ることが報告された〔国立社会保障・人口問題研究所、二〇一九〕。性的マイノリティの割合が三・三％であれば、人口に換算すると約三九六万人である。一方、国内の性同一性障害に相当する人の割合は二八〇〇人に一人と推計されており〔池田、二〇一三〕、人口に換算すれば約四万三〇〇〇人程度である。これらのデータに従えば、性的マイノリティ全体から見た性同一性障害に相当する人の割合は、一％程度となる。また、LGBT（レズビアン、ゲイ、バイセクシュアル、トランスジェンダー）という性的マイノリティの総称に表されるように、そもそも性的マイノリティの構成員は、（性的マジョリティの構成員が多様であるのと同様に）多様であり、そうした多様性を理解することがより重要である。

問3は、二〇一五年四月に東京都渋谷区で始まった、いわゆる「同性パートナーシップ条例」に対する受講者の認識を確認するために設けた設問である。渋谷区の条例で発行される「渋谷区パートナーシップ証明書」は、あくまで自治体が独自に発行するものであって、既存の婚姻制度とは異なり、法律上の効果は一切ない。私は、この点についての受講者の認識を確かめる意図で、この問いを設けた。しかし、設問中の「婚姻制度」については、既存の異性同士の婚姻制度と同性間の婚姻制度（同性婚）とを区別していなかった。そのため、この設問で得られた回答は、「既存の婚姻制度や同性婚と比べたときどう思うか」という問いに対する回答であると理解しながら分析する必要がある。★1

問4「「同性婚」が認められると「少子化」が進むと思いますか」という設問をしたのは、同性婚などの性的マイノリティの権利を法的あるいは社会的に保障する枠組みに対して、少子化と結びつけることで否定的な態度をとる者が少なからずいるのではないかと予想したからである。このような予想を立てたのは、私が行なった研修会の質疑応答の場面で、しばしばこうした言説を語る受講者がいたからである。性的マイノリティと少子化とを結びつける言説を信じる教員は、学校教育の中で性の多様性について取り組むことに対して否定的な態度をとることがあるため、こうした誤解をしている教員がどれほどいるのかを確かめた上で、誤解を解くような手立てを講じなければならないと考える。

問5「「性的少数者」の存在や「多様な性」について、子どもにはいつから教えるべきだと思いますか」を設定した理由は、教員の中には性的マイノリティや性の多様性について子どもに教えることに対して、子どもの発達段階を理由として、「早すぎる」または「教える必要はない」と考える者がいるのではないかと考えたからである。

これらのアンケート調査を実施した教職員研修会の背景は様々であり、性的マイノリティや性の多様性について関心のある教員によって構成された研修会もあれば、学校長や教育委員会が主催し、関心の有無にかかわらず、職員の全員参加が義務付けられた研修会もあった。このうち、関心のある教員によって構成された研修会で得られたデータは、教職員一般の意識や認識と比べて、隔たりがあることが予想される。この問題を排除するため、基本的に「全職員参加型」の研修会に絞って、アンケートの集計を行なった。また、この事前アンケートは研修の受講者全員に配布し、全員から回収したので回収率はほぼ一〇〇％であり、有効回答数は四八二人となった。図３―１はその結果をグラフにしたものである。

（３）調査の結果

問１の結果から、受講者の半数以上が性的マイノリティや性の多様性について学ぶのは初めてであることがわかった。また、過去に一度学んだことがある者が二八・二％であり、全体の八割がほぼ初心者であるということがわかる。したがって、回答者のほとんどが性の多様性について学ぶのは初心者であり、問２以降の回答は、性の多様性についてほとんど学んだことの

★１　この点については、設問の段階で、婚姻制度が既存の制度を指すのか、同性婚を指すのかを明確に区別するべきであった。しかしながら分析の段階で、得られた回答には、既存の婚姻制度と比べたものの他に、同性婚と比べたものが含まれていることを考慮することで、この問題に対処することとした。

図 3-1　“性の多様性”に関する教職員の認識（事前アンケートの集計結果）

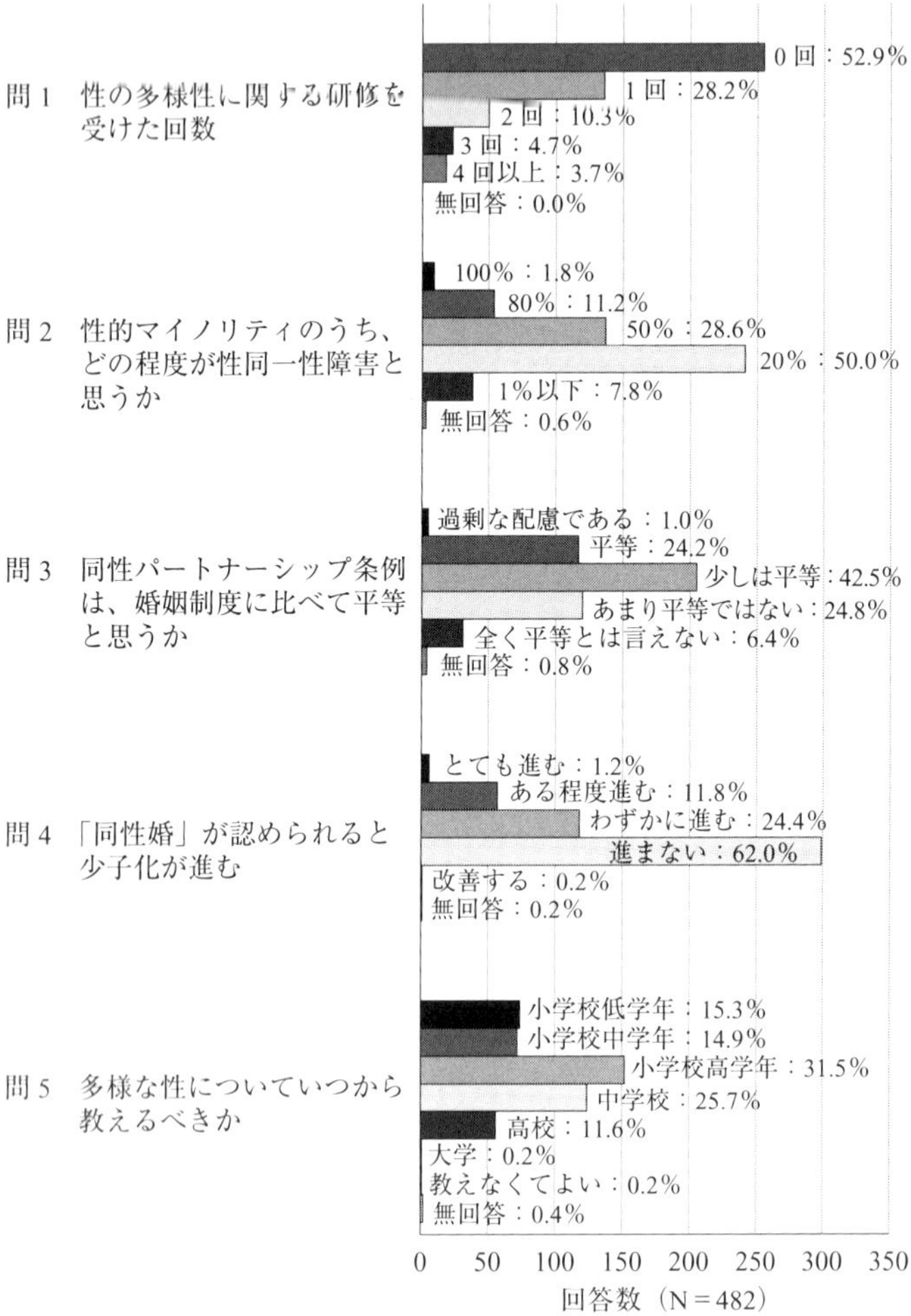
問 1　性の多様性に関する研修を受けた回数
0 回：52.9%
1 回：28.2%
2 回：10.3%
3 回：4.7%
4 回以上：3.7%
無回答：0.0%
問 2　性的マイノリティのうち、どの程度が性同一性障害と思うか
100%：1.8%
80%：11.2%
50%：28.6%
20%：50.0%
1%以下：7.8%
無回答：0.6%
問 3　同性パートナーシップ条例は、婚姻制度に比べて平等と思うか
過剰な配慮である：1.0%
平等：24.2%
少しは平等：42.5%
あまり平等ではない：24.8%
全く平等とは言えない：6.4%
無回答：0.8%
問 4　「同性婚」が認められると少子化が進む
とても進む：1.2%
ある程度進む：11.8%
わずかに進む：24.4%
進まない：62.0%
改善する：0.2%
無回答：0.2%
問 5　多様な性についていつから教えるべきか
小学校低学年：15.3%
小学校中学年：14.9%
小学校高学年：31.5%
中学校：25.7%
高校：11.6%
大学：0.2%
教えなくてよい：0.2%
無回答：0.4%
0
50
100
150
200
250
300
350
回答数（N＝482）

ない教員の認識として理解することができる。

問2「性的少数者のうちどのくらいの割合が性同一性障害者だと思いますか」については、二〇％と回答した者が最も多く、次いで五〇％、八〇％と認識している者が多い。正答の一％以下と回答した者は、七・八％であった。したがって、九割以上の教職員が性的マイノリティに占める性同一性障害の割合を実際よりもかなり多く見積もっており、大きく誤認していることがわかった。性同一性障害とは、性別適合手術を含めた様々な治療を前提とした医学的な診断名であるが、性的マイノリティの多くが性同一性障害に相当するという誤った認識は、本来は治療の必要のない性的マイノリティに対して治療を前提とした支援がなされる危険性を孕んでいる。また、こうした「性的マイノリティ＝性同一性障害」といった決めつけは、不必要な医療行為が当事者の身体に大きな負担としてのしかかるだけではなく、当事者の児童生徒から、多様な生き方を選択する自由と未来を奪うこともなりかねないため、特に注意が必要である。

問3のいわゆる「同性パートナーシップ条例」についての認識では、約七割の回答者が、「平等」（二四・二％）もしくは「少しは平等」（四二・五％）と回答している。したがって、約七割の受講者が、渋谷区の同性パートナーシップ条例について、既存の異性同士の婚姻制度や一部の国で認められている同性婚と比べて平等なものであると考えていることがわかる。しかし、同性パートナーシップ条例はあくまで条例であって、法的な効果はない。その意味では、婚姻制度とは大きな差があるといってよい。したがって、多くの受講者が、同性パートナーシップ条例を実際よりも、既存の婚姻制度に近いものであると誤解している可能性が示された。一方、「あまり平等ではない」もしくは「全く平等とはいえない」と回答している者は三割おり、これらの受講者は同性パートナーシップ条例と既存の婚姻制度を単純に同じようなものとは考えていないことがわかった。なお、渋谷区のパートナーシップ条例では、証明書の発行が有料であるが、その事実について認識している教員はさらに少ないのではないかと思われる。★2

問4「「同性婚」が認められると少子化が進むと思いますか」については、六二・〇%が「進まない」と回答している。その一方で、同性婚が認められることによって少子化が「ある程度進む」（二一・八%）または「わずかに進む」（二四・四%）と回答しており、四割近い教員が性的マイノリティと少子化との間に因果関係があると考えていることがわかった。性的マイノリティの存在と社会における少子化とを結びつける言説は、性的マイノリティの人権を社会的あるいは法的に保障する枠組みの制定や教育現場で教えることに対する否定的な考えへと結びつき得ることから、このような誤解をいかに解消するかが大きな課題である。

最後の問5「多様な性についていつから教えるべきか」という質問では、「大学以降」と答えた者はほとんどおらず、小学校高学年（三一・五%）、中学校（二五・七%）と、六割近い教員が小学校高学年から中学校で教えるべきだと考えていることがわかった。先行研究［日高、二〇一三］では、多くの教員がＬＧＢＴについて授業で教えることの必要性を認識していることが明らかになっていたが、本研究の調査結果からは、小学校高学年から中学校の間に教えるのが最適であると考える教員が最も多いことがわかった。一方、小学校低学年、小学校中学年で教えるべきだと考える教員もそれぞれ一五％程度いた。実際には、小学校低学年あるいは就学以前から、性的マイノリティに対するいじめや暴力が始まることから［いのちリスペクト。ホワイトリボン・キャンペーン、二〇一四］、小学校高学年や中学校に入ってから教えるのではすでに遅く、性的指向や性自認を理由とした差別を放置することになりかねない。したがって、小学校低学年もしくは、就学以前から発達段階に応じて、多様な性に関する学習機会を保障することが必要である。

★２　渋谷区において、「パートナーシップ証明書」を発行するまでに要する費用は、一万五三〇〇円～。これに対して、世田谷区の「パートナーシップ宣誓書受領証」発行に要する費用は〇円であり、自治体により費用には開きがある［エスムラルダ・ＫＩＲＡ、二〇一五、一一三頁］。

（4）多様な性に関する教師の理解不足

本節では、教職員に対するアンケート調査の結果を分析し、教職員たちが性的マイノリティや性の多様性についてどのように理解し、考えているのかについて考察をしてきた。その結果、いくつかの興味深い事実が明らかになった。

その一つは、問2の結果から、九割以上の教職員が性的マイノリティ全体に占める性同一性障害（者）の割合を誤認しているということであった。今回の調査では、多くの教職員たちが、性的マイノリティ全体に占める性同一性障害の割合を実際よりもはるかに多く見積もっていた。先行研究［日高、二〇一三］においても、同性愛について教える必要があると考える者よりも、性同一性障害について教える必要があると考える者の方が若干多いという結果は示されていたが、教職員の間には「性的マイノリティ＝性同一性障害」という誤った認識が広がっている可能性が示された。こうした認識が広がっている背景には、性的マイノリティに関する文部科学省のこれまでの通知や教職員向け周知資料の内容が、圧倒的に性同一性障害に偏っていたことがあると考えられる。また、性同一性障害という医学用語を用いれば、同性愛や両性愛などの異性愛規範を揺さぶる存在について触れることを回避できることから、性同一性障害という用語が同性愛嫌悪を覆い隠す都合の良い言葉として、教員たちの間で好んで用いられた結果であるとも考えられる。

誤った認識が教員たちの間で広がった原因が何であろうとも、教員が「性的マイノリティ＝性同一性障害」といった認識を持つことは極めて危険なことである。「性的マイノリティ＝性同一性障害」ととらえることが危険である理由の一つは、治療を必要としない当事者の子どもを医療に接続させ、不可逆的な治療が行なわれる可能性があるからである。さらに、教員が性同一性障害（者）という診断を唯一の生き方として提示してしまうことによって、多様な生き方（レズビアン、ゲイ、バイセクシュアル、トランスジェンダーなど）を選択する自由と未来とを子どもから奪うこともなりかねない。教職員は、このような危険性について十分理解し、多様な生き方や選択肢があることを子どもたちに示すことが大切である。

また、問４の結果からは、四割近い教員たちが、同性婚と少子化との間になんらかの因果関係があると考えていることが明らかになった。当然のことながら少子化が進む日本では同性婚は認められていないし、同性婚法が施行された国（例えばオランダなど）で少子化が進んだことを示す科学的なデータも存在していない。したがって、同性婚と少子化との間に因果関係があるという言説は、科学的な根拠を持たない「ニセ科学」にすぎない。教員がこのようなニセ科学を信じ、性的マイノリティの人権を社会的に保障することに否定的な言動をすれば、当事者の子どもの自尊感情を低下させるだけではなく、子どもたちに偏見を教えることになりかねない。

このように、今回のアンケート調査からは、教職員たちが性的マイノリティや性の多様性について十分な理解をしているとは言えない実態が明らかになった。これは、教職員たちが多様な性のあり方や性的指向および性自認といった概念について十分なトレーニングを受けないまま教職に就いた結果であるとも言える。そうした教員たちの認識を問い直すことは、今後の大きな課題の一つである。したがって、現職の教職員に対して、性の多様性に関する正確な情報提供などを含む教職員研修を行なうことが不可欠である。さらに今後は、教員養成の段階で性的指向および性自認の多様性に関する適切な情報提供がなされることが必要である。性的指向および性自認の平等や人権について、教職員が継続して学ぶことができるシステムの構築と教員養成の段階で性の多様性に関する学びを定着させることが今後は必要であると考える。

第4章　性的マイノリティへの「支援」

前章では、多様な性の視点からこれまでの日本の学校教育の問題点や教員たちの意識について見てきた。教員へのアンケート調査からは、性的マイノリティや性の多様性についての理解が不足している実態が明らかになった。しかし、性的マイノリティに関する認知が拡大する中で、実際に学校内で当事者の子どもに対して配慮や支援をしなくてはならない場面は年々増加している。この章では、公立学校で草の根的に行なわれてきた性的マイノリティの子どもへの支援の事例を検討し、学校における性的マイノリティへの「支援」とは何かを論じていく。

1　性的マイノリティの子どもの可視化と「個別的な支援」

二〇〇三年の「性同一性障害者の性別の取扱いの特例に関する法律」の制定以降、戸籍上とは異なる性別で受け入れ、学校生活を送ることを認めてほしいという当事者の訴えが増えている。[★1]それにともない、当事者や保護者の意向に沿って、本人が希望する性別での受け入れを認める学校が増えた。[★2]このように日本の学校では、性同一性障害と診断された児童生徒に対して、個別のケースに応じた支援がなされてきた。はじめに、こうした性同一性障害の児童生徒を対象とした個別的支援が行なわれるようになった背景を確認する。

文部科学省（旧文部省）は、性的マイノリティの存在について、更生すべき非行を行なう者ととらえるか、性的マイノリティの存在そのものについて触れてこなかった。ところが、二〇一〇年四月二三日、文部科学省初等中等教育局児童生徒課およびスポーツ・青少年局学校健康教育課は、全国の都道府県教育委員会など宛に「児童生徒が抱える問題に対しての教育相談の徹底について」という通知を出し、初めて「性同一性障害のある児童生徒」に対する支援を要請した。この通知文の中で文部科学省は、性同一性障害の児童生徒に対する教育相談の必要性を次のように説明している。

性同一性障害のある児童生徒は、生物学的には性別が明らかであるにもかかわらず、心理的にはそれとは別の性別であるとの持続的な確信を持ち、かつ、自己を身体的及び社会的に他の性別に適合させようとする意思を有する者であり、学校での活動を含め日常の活動に悩みを抱え、心身への負担が過大なものとなることが懸念されます。こうした問題に関しては、個別の事案に応じたきめ細やかな対応が必要であり、学校関係者においては、児童生徒の不安や悩みをしっかり受け止め、児童生徒の立場から教育相談を行うことが求められております（傍点は筆者）。［文部科学省、二〇一〇a］

このように文部科学省は、「個別の事案に応じたきめ細やかな対応が必要」であるとして、各学校において「児童生徒の心情に十分配慮した対応」をするよう要請をした。性同一性障

★1　二〇〇六年五月、性同一性障害と診断された小学校二年の男児が、女児として通学することを認められたことが報道された［『神戸新聞』二〇〇六年五月一八日］後、同様の事例が全国でも確認されるようになった。

★2　文部科学省が公表したデータによると、「性同一性障害に関する教育相談等」があった学校のうち約六割の学校で、何らかの特別な配慮をしていたことが明らかにされた［文部科学省、二〇一四］。

害という限定はあったものの、[3]文部科学省が公式の文書において性的マイノリティの児童生徒への支援を要請したことは、当時としては画期的なことであった。この通知によって、学校関係者の性同一性障害に対する関心が高まり、当事者の児童生徒へ対する具体的な対応も行ないやすくなった。実際、二〇一三年四月から二〇一三年一二月にかけて文部科学省が全国の学校を対象に行なった調査によると、「性同一性障害に関する教育相談」が少なくとも六〇六件あり、[4]さらに六〇六件のうち六二・二％の事例で「特別な配慮」が行なわれていたことも明らかにされた。四割程度の事例では、特別な配慮をしていなかったという結果であるが、これについて文部科学省は「児童生徒本人が特別な配慮を求めていないこと等をふまえ、敢えて配慮していないという事例も比較的ある」としている。したがって、児

表 4-1　性同一性障害に係る児童生徒に対する学校における支援の事例

項　目	学校における支援の事例
服装	自認する性別の制服・衣服や、体操服の着用を認める。
髪型	標準より長い髪型を一定の範囲で認める（戸籍上男性）。
トイレ	職員トイレ・多目的トイレ等の利用を認める。
呼称の工夫	校内文書（通知表を含む）を児童生徒が希望する呼称で記す。 自認する性別として名簿上扱う。
授業	体育又は保健体育において別メニューを設定する。
水泳	上半身が隠れる水着の着用を認める（戸籍上男性）。 補習として別日に実施、又はレポート提出で代替する。
運動部の部活	自認する性別に係る活動への参加を認める。
修学旅行	一人部屋の使用を認める。入浴時間をずらす。

出典：［文部科学省、2015］

童生徒本人が配慮を希望しないような場合を除き、ほとんどの学校が二〇一〇年に文部科学省が出した通知にのっとり、当事者と思われる児童生徒に対して「特別な配慮」を行なっていたことがわかる。この「特別な配慮」について具体的な項目として文部科学省が挙げているのは「服装」「髪型」「更衣室」「トイレ」「呼称の工夫」「授業」「水泳」「運動部の部活」「修学旅行等」であり、表４―１のような対応例を示している［文部科学省、二〇一五］。

続いて二〇一五年四月三〇日には、「性同一性障害に係る児童生徒に対するきめ細かな対等の実施等について」という通知が出され、この中で文部科学省は「悩みや不安を受け止める必要性は性同一性障害に係る児童生徒だけではなく、いわゆる「性的マイノリティ」とされる

★３　二〇一四年四月三〇日の通知では「性的マイノリティ全般に共通する課題である」との記述が加わった。

★４　この結果について文部科学省は「児童生徒が望まない場合は回答を求めないことしつつ、学校が把握している事例を任意で回答するものであり、この件数は、必ずしも、学校における性同一性障害を有する者及びその疑いのある者の実数を反映しているものとは言えないと考えている」としている［文部科学省、二〇一四］。

児童生徒全般に共通するものである」という見解を初めて示した〔文部科学省、二〇一五〕。これによって、学校では性同一性障害に限らず、性的マイノリティ全般を視野に入れた「支援」が求められることになった。

さらに二〇一六年四月一日には「性同一性障害や性的指向・性自認に係る、児童生徒に対するきめ細かな対応等の実施について（教職員向け）」という周知資料が公表された。この周知資料のなかで文部科学省は、表4―1に示したような「学校における支援」を行なうにあたっては、「他の児童生徒への配慮との均衡を取りながら支援を進めること」「その時々の児童生徒の状況等に応じた支援を行うこと」「他の児童生徒や保護者との情報の共有は、当事者である児童生徒や保護者の意向等を踏まえ、個別の事情に応じて進める必要があること」などの基本的な考え方を示している〔文部科学省、二〇一六〕。

二〇一〇年の最初の通知から、二〇一六年に出された教職員向け周知資料まで、文部科学省が一貫して要請しているのは、性同一性障害をはじめとした性的マイノリティの児童生徒に対する「個別的な配慮及び支援」である。では、実際の学校現場では、性的マイノリティの子どもに対してどのような支援がなされ、どのようなことが課題になっているのであろうか。次節では、実際の事例を取り上げて考察することにする。

２　「個別的支援」の事例から見える課題

ここからは、実際に教育現場では性的マイノリティの子どもに対してどのような取り組みがなされてきたのかを、福岡県内の公立学校で行なわれた二つの事例をもとに検討していく。検討する事例の一つは、県内のある中学校において私が教員として実際にたずさわった事例である〔眞野、二〇一三〕。もう一つの事例は、県内のある高等学校で行なわれた当事者支援の事例であり、支援に主としてたずさわった人権担当の教員への聞き取りと当事者生徒本人への聞き取りをもとに検討する。

なお、ここで中学校での事例と高校での事例を取り上げたのは、当事者が自己の性のあり方を自覚したり、自殺を考えたりし始めるのが思春期であり、中学校と高等学校での対応を検討することの緊急性が高いと考えたからである。実際、文部科学省が二〇一四年に公表した「学校における性同一性障害に係る対応に関する状況調査」において報告された六〇六件の事例のうち、学校段階別内訳は小学校低学年四・三％、小学校中学年四・五％、小学校高学年六・六％、中学校一八・二％、高等学校六六・五％となっており、中学校と高等学校での相談件数が圧倒的に多数である〔文部科学省、二〇一四、四〇頁〕。したがって、中学校と高等学校に焦点化して、事例検討をすることが緊急の課題である。しかし、二つの事例のみで検討することには限界性があること、ならびに小学校における事例についても検討する必要があることは断っておきたい。

（1）中学校での事例

はじめに検討する事例は、私が実際に中学校教員として勤務していた学校で行なった当事者支援の事例である。この事例で支援の対象となった生徒Aさんの身体的性別は女性。性的指向は両性愛。性自認は、どちらかというと男性に近いが、Xジェンダー★5を自認していた。

私がAさんと初めて出会ったのは、ある中学校の適応指導教室であった。適応指導教室は、何らかの理由で教室へ入ることが困難な生徒に対して、不登校を回避するために設置された教室で、通常の教室に戻ることを目標としている。Aさんは、二年次に転入してきた生徒であったが、転入後間もなく教室へ入ることができなくなり、適応指導教室への登校を続けていた。Aさんが教室に入れない理由については、本人も明らかにしておらず、周りの教員も教室に入れない原因については把握することができずにいた。私が適応指導教室に通う生徒に対する補習授業を行なうようになったあるとき、Aさんから相談を受けるようになった。

Aさんが私に相談してきた悩みの内容は、セクシュアリティに関するものであった。Aさんは、①異性も同性も恋愛対象として好きになってしまうこと。②女性として扱われることが苦痛であること。③転校前の学校で、男性的なしぐさや格好を理由にいじめられ孤立していたこと。④自分と同じセクシュアリティだったと思われる友人がいじめを苦に自殺したこと。この出来事をきっかけに、⑤リストカット（自傷行為）を始め、それ以来繰り返していること。⑥それらのことを担任やカウンセラーに話せずにいることを打ち明けてきた。

小学校のころに、「オレ」という一人称を使っていたAさんは、同級生やその親から「女のくせに」と言われ誹謗中傷を受けた。あるときAさんは、友達の親が友達に、「あの子（Aさん）は、頭がおかしいから一緒に遊んではいけません」と言っているのを聞いた。この出来事をきっかけにAさんは、髪を伸ばし、女の子らしい服を着て、できるだけ「ワタシ」を使うようにした。だが、ワタシを使うことに対しての嫌悪感はずっと続いている。そして、小学校高学

★5　「Xジェンダー」は、男性や女性といった二分法の中に自身の性自認を当てはめない立場。英語圏では「Genderqueer」という用語の方が一般的である。Xジェンダー・アイデンティティを自認する当事者を対象とした調査を行なった佐々木掌子によるとXジェンダー・アイデンティティは、「不適応であったり、一時的な状態であったりするばかりではなく、一つの固定的なジェンダー・アイデンティティとして形成しうる可能性」があるという［佐々木、二〇一〇、四五頁］。

年のとき初めて同性に恋をした。しかし、その思いは誰にも言えず、一人で押さえ込み「俺はなんでこうなってしまったのだろう」と自分を責めた。

中学校に入ってからAさんには、セクシュアリティのことを話し合える同性愛の友人ができた。しかし、その友人は間もなく自ら命を絶ってしまった。この事件は、Aさんの心に大きな傷として残っており、強い自己否定の感情となって現れることもあれば、「同性愛に対する否定的な言動」に対する強い怒りとなって現れることもあった。中学一年で初めたリストカットは、その後も感情が高ぶったときなどに繰り返しており、Aさんの腕には複数の傷跡があった。

Aさんは、こうした悩みを誰にも相談することなく、一人で抱えていた。その結果として、①教室へ入ることができない、②リストカットをくり返す、③人間不信、対人恐怖、④セルフエスティーム（自尊感情）の低下といった問題が生じていた。このような課題を抱えているAさんに対して、私が行なった支援は、「自分自身のとらえ直し」の作業であった。Aさんは、自分のことを「この世に存在してはいけない存在」「自分は頭がおかしい」と話していた。異性愛が正常であり、同性を好きになることは異常であるという誤った知識、偏った考えでしか自分の存在をとらえることができていなかった。これはまさしく、ヴィンセントらが『ゲイ・スタディーズ』の中で「体系的な誤認」と呼んだものに等しい［ヴィンセントほか、一九九七］。「同性愛者が社会の一部である限り、同性愛嫌悪的な社会に暮らす同性愛者自身も同性愛嫌悪を内面化している」のである〔眞野、二〇一四〕。私は、Aさんの中に生じている体系的な誤認を解体するためには、正しい知識を得て自分自身を肯定的にとらえ直す作業が必要であると考えた。

私がAさんに対して行なったのは、①手紙のやりとりと、②書籍の貸し出しであった。Aさんが私に悩みを告白した一つの要因は、私がゲイであることをカミングアウトしていた教員だったからであると考えられる。私自身も性的マイノリティ当事者としての経験を有していたので、これまでの経験をAさんに語った。私も小学校のとき一人称で悩んだ経験があること、小学校のときに同性愛を自覚してから高校までは誰にも相談できずに、悩み孤立していたことを語った。しかし、たくさんの友達に出会ったり、勉強したりしたことで同性愛が異常ではないと知ったことも伝えた。私が自分のことを伝えた次の日、Aさんは自分の経験を綴った手紙を書いてきた。Aさんによると、「今度は自分が語る番だと思った」という。このように始まった交流を通して、一人称で悩んだ経験や誰にも言えなかった孤独感など、互いの経験の中に共通点を見つけたり、相違点を見つけたりすることができた。当事者にとって、他の当事者の経験を知り、自分の経験と比較する体験は、自分自身がおかれる状況を理解し、とらえ直すためにとても重要な作業である。

女らしくないことを理由に誹謗中傷を受けた経験やレズビアンの親友が自殺してしまった経験があるAさんは、当初「異性愛が正常で、同性愛は異常」という考えや「女は女らしくしなくてはいけない」という考えに縛られていた。そうした考えが、自分は「この世に存在してはいけない者」という考えにつながってしまっていた。したがって、そのような自己に対する否定的な認識を変える必要があった。そこで私は、書籍を通して、同性愛や両性愛を肯定する情報に触れさせようと考えた。[★6]例えば、当時私がAに貸した『世界がもし一〇〇人の村だったら2』には、「同性愛は異常ではない」や「同性愛者は自分だけではない」という記述がある〔池田ほか、二〇〇二、五六―五七頁〕。また、『いのち・からだ・性』には、同性への恋に悩む少年の悩みとそれに対する著者からの返答が載せられており、その中には、「男同士、女同士好きになったって、ちっとも不思議ではありません。（中略）同性だって、異性だって、同じ人間ですもの。人間が人間を好きになるって、全く自然なこと」とある〔河野、一九九八、二八―二九頁〕。これらの書籍を通して、初めてAさんは、性的マイノリティについての肯定的な情報に触れ、自己を肯定するための知識を獲得していった。

Aさんと手紙のやりとりや書籍の貸し出しをするようになってから、Aさんには大きな変化がみられた。一つは友達の一人にカミングアウトしたことである。このカミングアウトがきっかけとなって、少しずつ自信をつけたAさんは、その後数人の友達にもカミングアウトしている。最終的には、母親にも打ち明けた。

異性愛が当たり前とされる社会の中で、性的マイノリティが自分のセクシュアリティを打ち明けることは、大きなリスクをともなう。それは、カミングアウトした相手との関係に大きな変化が起きる可能性があるからである。特に、身近な家族へのカミングアウトは大きなエネルギーが必要である。それでもAさんが友人や家族にカミングアウトしたのは、本当の自分を理解してもらい、本当の信頼関係を築きたいと考えたからであろう。同時に、カミングアウトすることができるだけの自己肯定感が生まれていたのではないかと考えられる。

一人で抱えてきた悩みを幾人かの友人に打ち明けてから、次第に教室に入る回数も増えていった。それまで拒絶していた新たな人間関係の構築を始めようとする姿がみられた。ところがある日、Aさんは突然怒り出し、早退したことがあった。後日、Aさんから早退した理由を聞いた。Aさんによると教室に入っていたその日、ある男子が「ゲイ」という言葉を使って別の男子をからかう様子を目撃したのだそうだ。その様子を見たことで、激しい怒りがこみ上げてきて、いてもたってもいられなくなったのだそうだ。

★6　現在では、多様な性を知るためLGBT書籍のガイドブック（原ミナ汰・土肥いつき編著『にじ色の本棚LGBTガイドブック』三一書房、二〇一六年）も出版されている。

教室で繰り広げられる同性愛に否定的な言動は、たとえそれがAさんに向けられた言葉でなくとも、Aさんの存在を傷つける言葉であった。そうした言動を聞くたびに亡くなった友人のことを思い出していたのかもしれない。

この事例で私が行なった支援は、当事者であるAさんに対する支援だけに留まっており、周りの生徒への指導が決定的に不足していた。この出来事は、周りの生徒への働きかけがいかに重要であるかを示している。当事者の子どもが自己を肯定する知識を身に付け、自己肯定感を取り戻すことができたとしても、教室の中から性的マイノリティを否定する言動がなくならない限り、当事者の子どもにとって教室は依然として危険に満ちたままであり、問題は解決されないのである。

現在、社会人として働いているAさんは、当時を振り返って、次のように言う。[★7]

Aさん：先生と出会って変われたのは、自分の性に関する意識です。出会う前は、身体の性別はわかっていても、心の性別がわかりませんでした。いまだにわからない部分もあるのでXジェンダーを名乗っていますが、以前は、身体的性別に合わせた行動、つまり「女らしく」生活しなければならないと思っていた。でも、先生と出会って、女らしくではなく、自分らしく生きても良いんだと安心しました。女とか男とか関係なく、私は私、Aという人間を見て欲しいと考えるようになりましたから。性別を見て判断してほしくありません。

当時、人間不信に陥っていたAさんは、今、自立し社会人として働いている。自らのジェンダー／セクシュアリティについて、「いまだにわからない部分もある」というAさんだが、セクシュアリティに関する悩みは現在ではほとんどないそうだ。Aさん自身が変われた要因の一つとして語っているのは、「女らしくではなく、自分らしく生きてもいいんだ」と考えられるようになったことである。性的マイノリティもジェンダー規範から自由ではなく、社会のジェンダー規範を自己の内面に取り入れている。ところが、ジェンダー規範に沿った振る舞いがなかなかできない性的マイノリティは、自分自身を嫌悪し、結果として自己嫌悪に陥ることがある。「支援」という文脈では、自己が囚われているジェンダー規範を問題化し、いかに解体していくかということも重要なことの一つである。

★7　ここで引用した語りは、二〇一三年七月時点でのAさん本人の語りである。

（２）高等学校での事例

続いて、福岡県内のある高等学校において行なわれた当事者支援の事例について、検討していく。なお、この事例では、支援に携わったX教員と当事者生徒Bさんへの聞き取りをもとに検討していく。

県内の高等学校へ通っていた生徒Bさんは、身体的には男性であるが、性自認は極めて女性に近く、高校へ入学する際に本人と保護者から学校側へ「性同一性障害の疑いがある」ということを申し出ていた。学校側では人権担当のX教員が主として支援にたずさわることになったが、本人から「女子生徒として扱ってほしい」などの要望はなかったため、Bさんを女子生徒として扱うなどの対応はしていなかった。

Bさんは学校内において、周囲から身体的にも学籍上も男性であると認識されていたが、女性らしい仕草や話し方のために入学当初から周囲の生徒の注目を集めていた。そうした注目は、しばしば「からかい」という形で表面化することがあり、そうしたからかいが、Bさんにとってストレスだったという。そのようなストレスからBさんは、頻繁に保健室に通い、しばしば養護教諭に「死にたい」と漏らしていた。二年生のころには、学校内の意見発表会予選の際に、自分の中に蓄積してきた不安や怒りを作文に書いてきた。これに対して、担当のX教員は「自分の思いだけで立場宣言してしまうことは危険である」とし、次のように生徒の前での発表を思いとどまるように本人を説得したという。

X教員：全校生徒に自分のことをわかってもらいたいようだけど、他人に自分を理解してもらうには、まずは自分のことをきちんと理解しなくてはならない。感情に訴えることはもちろん大事なことだが、自分と他人とを納得させることのできる知識と考え方を身に付けることが先ではないか。今の段階では早過ぎはしないか。

結局、クラス選考の段階で選ばれず、全校生徒の前での発表もできなかった。しかし、Bさんの中に不安や怒りが蓄積していることを知ったX教員は、Bさんに対して、X教員と共に性的マイノリティについて勉強することを提案し、二人の学習が始まった。はじめは性的マイノリティに関連した書籍を読み進めたが、書籍だけでは十分な理解はできないだろうというX教員の判断で、県内にあった性的マイノリティの当事者団体の集まりに参加することになった。当事者団体との交流や人権担当教員の交流会で、別の高等学校にBさんと同じように性別違和で悩んでいる生徒Cさんがいることがわかり、X教員は二人を会わせることにした。それ以来、生徒同士で自主的に当事者の活動に参加するようになった。高校三年時には、市が主催した性的マイノリティの人権に関する研修会で、登壇者の一人として人前に立ち、自分のことについて話した。

また、あるとき、「Bさんにとってこれまで最も辛かったことは何か」というX教員の問いかけに、Bさんは中学校のころに教員から「男らしくしろ」と指導を受けたことだと話した。これを受けてX教員は、「まずは、教職員に理解してもらおう」とBさんに提案し、学校内で性同一性障害に関する職員研修が実施された。研修の中では、Bさんが自ら教職員へ向けて思いを語る場面も設定された。こうして、卒業前に教職員に対してのカミングアウトができた。

当事者団体などの協力が得られたことで、学校の外に活動の場やありのままの自分について語る場ができたが、学校内では教職員へ向けて話す機会は得られたものの、本人が希望していた全校生徒の前でのカミングアウトの機会は、最後まで与えられないままBさんは高校を卒業した。

保健室で養護教諭に「死にたい」と漏らし、作文に鬱積した気持ちを綴ったBさんだが、そうした生きづらさの原因の一つは、本人の生き方と周囲のBさんに対する認識とのずれにあったと考えられる。入学当初から、女性らしい仕草や話し方のために周囲の生徒からからかいを受けていたが、そうした積み重ねが、「誰も自分のことを理解してくれない」という思いにつながったと考えられる。周囲に自分のことを理解してもらいたいというBさんの思いの集積が、二年時に書いた作文であったと言えるだろう。

こうした状況に対して担当教員は、「人に自分を理解してもらうには、まずは自分のことをきちんと理解しなくてはならない」として、周囲へのカミングアウトを待つように指導し、自分を理解するための学習を促した。書籍で得た知識や当事者団体との交流は、自分の置かれた状況を理解し、自分は何者なのかを理解する上で有効だったと考えられる。だが、Bさんに対して、カミングアウトを待つように指導したことは、Bさんにとってどのような効果をもたらしたかを考える必要がある。

カミングアウトが許されなかったことによって、Bさんは自分の思いを周囲に話す機会を逸してしまい、その後も鬱積した思いを抱えることになった。カミングアウトしなかったことによってBさんは、予測不能な周囲の反応に曝されることを免れたと解釈することはできる。確かに、当事者がカミングアウトしたことによって、周囲から理解を得られずに、孤立するという可能性は否定できない。だが反対に、カミングアウトすることによって、周りの生徒のBさんに対する見方が変わり、からかいをやめるようになる可能性もあったのではないだろうか。カミングアウトしなかったことは、そうした周りの生徒に受け入れられる可能性も逸することになったと言うことができる。

この事例では、当事者生徒に対して働きかけを行なっているが、当事者の周りの生徒に対する働きかけは、一切行なわれなかった。言い換えるならば、Bさんが抱えていた問題の所在をBさん個人に求めたと言うことができる。だが、この事例においての問題の所在を当事者に求めることは、適切だったと言えるだろうか。

Bさんが学校内で経験した「からかい」を差別事象と考えるならば、差別をされたBさんに対しての働きかけのみがなされ、差別した周りの生徒への働きかけが行なわれなかったことは、周りの生徒の差別行為、差別意識を見過ごしたことになるのではないだろうか。

差別事象とは、差別を受ける当事者と社会との境界で発生するトラブルである。差別をする者がいなければ、差別は成立しえない。その意味で、差別事象の原因を差別される者＝当事者に求めることはできない。したがって、差別問題を解決するために、当事者だけに働きかけることは意味をなさないと考えられる。周りの人々、周りの生徒への働きかけが本来は必要だったと言えるのではないだろうか。

性的マイノリティが抱える問題が人権問題や差別問題であるという認識が、教職員の間での共通認識として理解されていなかったために、問題の所在を当事者生徒に求めてしまい、結果として、周りの生徒への指導まで及ばなかったと言うことができる。

3　性的マイノリティの子どもが直面する困難と支援のあり方

小宮明彦は、同性愛の子どもが直面する困難を、①自己受容の困難、②自己開示の困難、③自己イメージの困難、④事故回避の困難の四つに分類した〔小宮、二〇〇二〕。①自己受容の困難とは、同性愛の子どもが同性愛である自己を受容できないことを指しており、これは社会に浸透している異性愛主義／同性愛嫌悪を内面化した結果でもある。②自己開示の困難とは、同性愛に対する差別や偏見を恐れ、同性愛である自己を開示することが困難であることを意味する。③自己イメージの困難とは、同性愛者のロールモデルの不在や異性愛主義／同性愛嫌悪が浸透している社会の中で、将来自分がどのような人生を送るかという自己のイメージを描くことの難しさのことである。④事故回避の困難とは、「同性愛の子どもは自身の性的指向へ気づきと同時に異性愛主義的／同性愛嫌悪的社会の中に孤立無援の状態で放り出される」ことによって、思いがけずに生じる悪い出来事に遭遇する危険性が高い状態におかれることを意味している〔小宮、二〇〇二、一〇二頁〕。

これに対して杉山貴士は、同性愛の高校生に対する聞き取り調査をもとに、小宮の分類には同性愛の若者に不可欠な情報アクセスの困難が欠けていると指摘し、①自己受容の困難、②自己イメージ形成の困難、③情報アクセスの困難、④自己開示・人間関係づくりの困難、⑤事故回避の困難の五つに整理し直している〔杉山、二〇〇六〕。

本章で取り上げた事例に登場した性的マイノリティの子どもたちも、学校という空間において、様々な困難に直面しており、その中には小宮や杉山が指摘した困難があったことが見て取れる。例えば、中学校の事例に登場したAさんは、当初、自己のセクシュアリティを受け入れることができず自己否定の感情を抱えていた。さらに、性的マイノリティに対する否定的な言葉が飛び交う教室に入ることができず孤立しがちであった。また、高等学校の事例に登場したBさんも、周囲に自分のことを理解してもらえなかったことが不安や怒りの感情へとつながり、それが自己否定につながっていた。このように、性的マイノリティの子どもは学校や社会で様々な困難に直面する。それは社会のシステムや学校文化が、常に異性愛のみを前提としていたり、性自認は身体の性と一致することが前提とされていたりするからである。

だが、本章で取り上げた事例では、小宮や杉山が指摘した五つの困難以外にも次のような困難に直面していた。例えば、当事者の子どもが通常の教室に入ることができずに別室登校をしていた実態があった。実際、不登校を経験している性的マイノリティの子どもは少なくない。しかし、通常の授業が受けられない期間があることは、場合によっては進路に深刻な影響を及ぼすことが考えられる。さらに事例の一つでは、当事者生徒の近くに担任、養護教諭、スクールカウンセラーなど大人がいたにもかかわらず、セクシュアリティに関する悩みを相談できていなかった実態もあった。セクシュアリティに関する悩みを相談することは、すなわちカミングアウトになってしまうため、「ありのままの自分を語っても否定されない」という確信が得られる相手でないと相談することは難しい。また、事例に登場した二人の当事者は、いずれも自死を考えた経験があり、一人は実際に自傷行為も行なっていた。性的マイノリティに対する否定的な言葉が飛び交う学校空間では、性的マイノリティの子どもの心身の安心、安全は保障されているとは言えない。

このように先行研究が指摘した五つの困難の他にも「修学上の困難」や「相談場所の不在」「心身の安心・安全保障の困難」など、実際には様々が困難に直面する。それらを整理すると性的マイノリティの子どもが直面する困難は、①自己受容の困難、②自己イメージ形成の困難、③情報アクセスの困難、④自己開示・関係構築の困難、⑤事故回避の困難、⑥修学上の困難、⑦相談場所の不在、⑧心身の安心・安全保障の困難の八つに分類することができる。

ここまで性的マイノリティ当事者に対する二つの事例について検討し、当事者生徒が抱える問題について分析してきた。これらの検討をふまえ、学校において性的マイノリティ当事者への支援を行なうときに留意すべき点として次の三点を指摘しておきたい。

①　周りの生徒の課題ととらえて指導すること

当事者の子どもが自己を肯定する知識を獲得し、自己肯定感を取り戻しても、教室の中から性的マイノリティを否定する言動が消えない限り、当事者の子どもは教室の中で苦しむことになる。当事者支援とは、当事者に対する直接的な支援のみを指すものではない。今回取り上げた二つの事例では、いずれも当事者に対する直接的な支援はなされたものの、周りの生徒への働きかけが欠如していたため、根本的な問題解決には至らなかった。性的マイノリティが抱える問題が、当事者と社会との間で生じる差別問題である限り、性的マイノリティへの差別を無くすこと、すなわち周りの生徒への指導をなくしては、当事者支援は成立しえない。したがって、普段から子どもたちの言動に注意し、性的マイノリティを否定する言動があったときに、その問題性に気づかせる指導をしておくことがとても重要である。

② 教職員の共通理解と組織的取り組み

今回の二つの事例では、当事者生徒に主に働きかけを行なったのは、いずれも一人の教員であった。これは、周りの生徒への指導まで及ばなかった原因の一つであるとも考えられる。学校から性的マイノリティへの差別や偏見をなくし、すべての児童生徒が安心して学べる空間をつくるということは、一人の教員だけでできるものではない。教職員が問題を共有し、学校単位での組織的な取り組みをすることが不可欠である。したがって、すべての教員が性的マイノリティについての知識を持つことが必要であり、そのためには、職員研修などを行なうことが有効である。

③　性の多様性を前提とした教室環境・学級経営・学校運営の必要性

異性愛を前提としたこれまでの日本の学校教育は、性的マイノリティの存在を無視したり、否定したりしてきた。まず、そうした異性愛規範を見直し、子どもたちの中には性的マイノリティがいるという前提で教育実践にあたることが何よりも重要である。教室の中で、教員が普段から生徒の前で、性的マイノリティに肯定的な話をするのも効果的であるし、性的マイノリティについて肯定的に書かれた書籍を教室に置くことも効果的である。そして最も効果的なことは、学校カリキュラムの中に性の多様性に関する学習内容を位置づけ、授業の中で性の多様性を教えることである。それは、教室の中にいる当事者の子どもの自尊心を高めるだけではなく、当事者ではない子どもが性の多様性を尊重することを学ぶことにつながるからである。これらのことを実践することによって、性的マイノリティの子どもが直面する困難の多くを克服することができると考える。

現在、文部科学省が推進している「性的マイノリティとされる児童生徒への特別な配慮」や支援、不登校の児童生徒に対して公立学校で行なわれてきた「適応指導教室」による支援は、当事者とされる児童生徒にばかり目を向けてきた。学校空間や教室空間そのものに偏在する差別や偏見それ自体を顧みることなく行なわれるそのような個別支援的なアプローチは、当事者の子どもたちにとって適切な支援であると言えるだろうか。例えば、教室に入ることができない子どもに対して、「教室に入ってみよう」という言葉かけがなされることがある。しかし、差別や偏見から逃れて特別な空間に避難している児童生徒にとって、このような言葉かけは、さらなる虐待となってしまう可能性がある。教室に存在する差別や偏見を不問にしたまま発せられる言葉は、教室に蔓延《はびこ》る差別や偏見を肯定する言葉であり、当事者の子どもにとってそれは、支援というよりも人権侵害である。当事者の児童生徒に問題を押し付けるような個別対応というアプローチではなく、当事者の子どもを教室から排除しようとする差別や偏見そのものを問題化するアプローチが本来的には必要である。

これまで学校教育は、公教育であるからこそ、一部の人々が差別にさらされることのないように人権・同和教育を推進してきた。同様に、公教育であるからこそ、特定の子どもがセクシュアリティを理由に差別にさらされることのないよう配慮することが必要である。教育現場において、性的マイノリティへの差別をなくし、当事者の子どもを支援することは、部落差別を解消する教育を推進したり、身体的障害に対する差別をなくす教育を推進したりするのと同様に重要なことである。また、当事者がいるかいないかにかかわらず、差別はどこにでも発生し得る。そのため、当事者の児童生徒がいるかいないかにかかわらず、性的マイノリティに対する差別の解消について、すべての学校が取り組む必要があり、そうした共通理解を広げていくことが大切である。

第5章 人権同和教育と性の多様性の交叉

第3章で触れた全国の教員を対象に行なった調査によると、教員の半数以上が「LGBTについて、授業で教える必要がある」と考えているにもかかわらず、実際に授業でLGBTについて取り上げた経験のある教員は、約一割に留まっていた［日高、二〇一三］。教える必要があるかないかと問われれば、「必要がある」と答えるが、教員自身が教える必要性を認識する機会はあまりなかったという実態のようである。多くの教員が、授業で取り上げるまでには至っていない現状で、実際に授業でLGBTについて取り上げた経験のある一割の教員たちは、いかなる動機や背景があって、性の多様性について学校で教えるまでに至ったのであろうか。この章では、性的マイノリティの人権問題に取り組んできた福岡県X市[★1]の教員たちへの聞き取り調査をもとに、西日本を中心に蓄積されてきた同和教育の考え方や実践が、性の多様性をめぐる課題にどのようにつながっているのか考察していく。

1 人権同和教育担当教員への聞き取り調査

九州の部落史研究を牽引してきた原口頴雄によると、近世福岡藩における被差別部落は六九か所にのぼり、現在の福岡県X市にあたる地域にも、いくつかの被差別部落の村があったとされている［原口、二〇一四、一二四頁］。一八七一年に解放令が出され法的に賤民身分は廃止されたが、部落差別は根強く存在していた。そのためX市では一九六五年に学校教職員を中心とした「X郡同和教育研究サークル」が発足し、部落差別の解消のための同和教育の研究が積み重ねられてきた。人権同和教育を推進する教員は「同推《どうすい》」と呼ばれ、各学校で人権教育を進める役割を担ってきた。二〇〇二年にいわゆる「特措法体制★2」が終了して以降、同推は人権教育担当教員、すなわち「人担《じんたん》」と呼ばれるようになった。人担が中心になり開催されてきたのが「人権・同和教育研究大会」であり、X市の大会では二〇一五年に初めて「性の多様性」をテーマとした分科会が開催された。X市では、そのころすでに性の多様性を人権課題としてとらえ、校区レベルでの授業研究が進められていた（表5―1）。

二〇一一年は、国連においてLGBTの権利に言及した決議が初めて採択された年であり、X市では少なくとも行政のレベルでは、国際的な動向を視野に入れながら人権教育に関する指針を策定していたことがうかがえる。[★3] この指針が施行されてから二年後の二〇一三年には、まず、教職員組合に所属する養護教諭たちの間で性の多様性に関する学習会が催されるようになり、続いて人権・同和教育担当者の間でも性の多様性に関する研修会が実施されるようになった。

ここで、性的少数者の問題に最初に関心を寄せ、研修の場をつくり出したのが養護教諭たちであったことを強調しておきたい。性に関する問題に養護教諭たちが関心を寄せるのは当然のことであると考えられるかもしれないが、重要な点は養護教諭のほとんどが女性であったということである。いまだに管理職の圧倒的多数を男性が占める日本の学校組織の中で、性的マイノリティの問題について最初に関心を寄せ、行動に移したのが女性たちであったことは、性的

★1　聞き取り調査に協力した教員が特定されるのを避ける目的で、「福岡県X市」という表記を用いる。

★2　特措法体制は、一九六九年の「同和対策事業特別措置法」以降、二〇〇二年に「地域改善対策特別事業に係る国の財政上の特別措置に関する法律」（地対財特法）が失効するまで三三年間続いた。

マイノリティに対する関心や態度に、ジェンダーが大きく関与している可能性を示している。そうした、養護教諭たちの地道な活動の後、人担教員が関心を持ち始めたことで、X市の学校における性の多様性に関する理解は加速されていった。

二〇一四年には、文部科学省の研究指定を受け、研究テーマとして「性的少数者の人権に係る授業づくり」に取り組む学校が現れるようになった。[★4] しかしながら、これらの取り組みは一部の公立学校における取り組みであって、X市のすべての公立学校が同様の取り組みをしているわけではない。それでも、学校組織として、性的少数者

表 5-1　福岡県 X 市の人権教育における性の多様性に関する主な取り組み

年　月	内　　容
2011年3月	「X 市人権教育・啓発基本指針」個別課題の 12 番目の項目に「性的少数者」が明記された。
2012年12月	X 市人権・同和教育研究会が、市民を対象とした性的少数者に関する学習会が実施された。
2013年4月	教職員組合 X 支部の養護教諭部会が研究テーマとして「性の多様性」が設定された（～ 2014 年まで）。
2013年12月	X 市人権・同和教育担当者研修会が性の多様性に関する研修会が実施された。
2014年4月	X 市の Z 中学校が「性同一性障害及び性的少数者の人権に係る理解を促す授業モデルを開発する実践的な研究」で、文部科学省の人権教育研究指定を受けた（～ 2016 年 3 月まで）。
2014年8月	X 市 Z 中学校区（5 校）の小中連携事業の実践交流会で「性的マイノリティの人権」が主題となった。
2015年8月	第 6 回 X 市人権・同和教育研究大会分科会「性はグラデーション～自分の生き方に誇りを持つ～」。
2016年2月	2015 年度 X 市人権教育研修会の特別分科会において、性の多様性に関する問題提起と教育実践の報告がなされた。

★3　X市では、二〇一一年に策定した「人権教育・啓発基本指針」において「分野別施策の推進」の一二番目の項目に「性的少数者」の項目を設けて次のように記している。「【現状と課題】先天的に身体上の性別が不明瞭な人、身体上の性別と心の性が異なる性同一性障がいの人、性的な意識が同性や両性に向かう人等、何らかの意味で「性」のあり方が少数な人々がいます。このような人々は、少数派であるために正常と思われず、場合によっては職場を追われることさえあります。性的指向を理由とする差別的取扱いについては、現在では、不当なことであるという認識が広がっていますが、いまだ偏見や差別があとを絶たないのが現状です。このため、性的指向を理由とする偏見や差別をなくし、理解を深めることが必要です。性同一性障がいの人の中には、体の性と心の性との違いに悩みながら、周囲の心ない好奇の目にさらされ苦しんでいる人がいます。このため、性同一性障害を理由とする偏見や差別をなくし、理解を深めることが必要です。」

★4　文部科学省では、「人権教育研究推進事業」として、全国の公立学校からいくつかの学校を「人権教育研究指定校」に指定し助成を行なっている。

の人権問題に取り組み、しかも授業づくりまで行なっている事例は、全国的に見てもまれである。したがって、X市の一部の学校と教員たちによってなされてきた取り組みは、性の多様性に関する教育実践の一つのモデルであり、X市の公立学校において、性の多様性に関する教育現場での取り組みがなぜ進んでいるのかを分析することには価値があると思われる。また、これらの性的少数者の人権問題について、学校組織の中での取り組みを中心的に担ってきたのが、各学校に配置された人権教育担当教員（人担）であった。

私は、二〇一四年一一月から二〇一五年一二月までに、福岡県X市の公立学校に勤務する教員、主に人権同和教育に何らかの形でたずさわってきた教員に対して、聞き取り調査を行なった。表5―2は、調査を行なった時点での調査対象者の基本情報をまとめたものである。なお、比較対照のために同推（人担）経験のない教員（例えばE）にも

表 5-2　調査対象者の基本情報

識別記号	年齢	性別	勤務校・校種	教職経験	同推または人担経験	備考
A	40代	男性	中学校	15年	4年	
B	50代	男性	小学校	33年	2年	被差別部落出身
C	50代	男性	高等学校	30年	6年	
D	50代	男性	小学校	36年	6年	校長
E	50代	男性	小学校	35年	なし	教頭
F	60代	男性	中学校	37年	なし	校長

聞き取りを行なった。

Ａから Ｆの調査対象者は、いずれもＸ市に勤務する教員であるが、これは私がＸ市において教員をしていた経歴があったからであり、元同僚やかつて人権同和教育担当者研修会において知り合った教員に依頼をし、これに応じた者を積極的に調査対象者とした。実際の聞き取り調査は、プライバシーなどに配慮しながら、一対一で会話ができる空間において、調査対象者の承諾を得た上で聞き取った内容をデジタルレコーダーに録音するかたちで行なった。「人権同和教育にたずさわってきた教員が、性の多様性の問題に関わるようになったきっかけは何か」という問題意識の下で、質問事項を事前に用意したものの、実際の会話に即して、その場で新たな質問を考えることもあった（表５—３）。次節以降では、これらの調査で得られた教員たちの語りについて分析を行なう。

表５—３　質問事項

・性の多様性に関心を持ったのは、いつで、それは何がきっかけか。
・性の多様性を人権問題だと認識したのはいつか。それは何がきっかけか。
・いつごろから性の多様性について教えているか。
・他の教員から反対されることはなかったのか。
・当該校で実施するにあたって、同僚や管理職はどう反応したか。

2　人権同和教育の経験は、性の多様性にどうつながりうるか

（1）人権同和教育担当教員は、性の多様性をどう受け止めたか

A教員は、二〇一四年、全同教（全国人権・同和教育研究会）に参加したときに、障害者差別や部落差別の問題は取り上げられているのに、性の多様性関係のものが一切なかったことについて、「なんでせんのやろう」と思ったと語ったが、そう思うようになるまでには次のような経緯があった。

A教員：そう思うようになったきっかけは、人担会（人権教育担当者研修会）である先生から、「ホモ」や「オカマ」は差別語ではないんですか。差別語になるんじゃないですかという話を聞いたときに。たしかにそうだと思った部分と。……でもなんでかなあと考えていったときに、やっぱぱせないかんねと思うまでに、僕の場合時間が必要でした。たしかに言う通りなんだけど、でもなんて話していけばいいのか、どう説明すればいいのか。考えたこともなかったので、雷に打たれたみたいな印象でした。なんだろうなんだろうと考えて時間がかかりました。僕の中に同和教育関係が感覚としてはあるけど、きちんと理論として整理できていなかったんだろうなと思います。

「ホモ」や「オカマ」といった言葉が差別語であるかどうかについて、「考えたこともなかった」A教員は、ある日の人権教育担当者会で、初めて性的マイノリティに対する差別語について気づかされた。だが、性的マイノリティに対する差別語が人権課題であると納得するまでには、時間が必要であった。そして、自分の中の同和教育の経験に基づきながら、「きちんと理論化し、整理」しようと試みるようになる。

A教員：部落問題学習で使っていたことなんですが、人々の知識の中には公的な情報と私的な情報、二種類あって。部落の問題で言えば、解放令が出されたあとずっと私的情報ばっかりだった。学校が同和教育するわけでもなく、明治の六〇年間ずっとほったらかしだった。その状態で〔差別が〕なくなるどころかどんどん差別意識が強くなってきた。で、解放運動がどんどん生まれてきた。で、公的な情報が大事だって言われるようになって。このものさしがまったく性の多様性のことについても同じだなと思った。僕らもずっと私的な情報を受け取る状態できてたんですよね。同性愛の人は同性ならだれでもいいみたいなイメージとか。[★5] 教えたら同性愛者が増えるんじゃないかと思う人もいてたりしてて。研修で当事者の話も聞きながら、ああね、やっぱこれ大事やね。同じことくり返したらいかんねと、まずこの部分について同和教育で勉強してきた部分とつながって。

A教員が部落学習の中で使ってきた考え方の一つが、「公的な情報と私的な情報」というものさしである。A教員によると公的な情報とは、学校で教えられた知識や公的な機関から伝えられる情報であり、私的な情報とは、テレビなどのメディアや家族、地域、職場の同僚から得られる情報のことであるという。公的な情報がないこと、すなわち公教育が「同和教育」を行なわないことは、部落差別の放置や強化につながる。したがって、公教育が「公的な情報」としての「同和教育」を行なうことが大切であるとする考え方である。

A教員は自身のことについて、性的マイノリティについての公的な情報を受け取った経験がなく、「私的な情報を受け取る状態」だったと振り返った。そのような状態で形成されたのが「同性愛の人は同性ならだれでもいい」や、学校教育で「教えたら同性愛者が増える」といったものであった。しかし、A教員は、研修を通して性的マイノリティに関する「公的な情報」を学んだことにより、それまで部落差別問題で学んできた「ものさし」が、性的マイノリティへの差別問題にも応用できることに気づき、部落差別と「同じこと繰り返したらいかん」と考えるようになった。

さらにその後、A教員が勤める学校に性的マイノリティ当事者の子どもが入学してくるということがわかり、性の多様性について学校が取り組むことの必然性ができてきたと語る。

Ａ教員：ネットワーク会議の中で、いずれ中学校にあがってくるであろう当事者の子どもがいるという情報があり。……そこで僕の中には必然も出てきて。勉強せないかんっていうこともわかって。そこがスタートでしたね。

ネットワーク会議とは、小学校から中学校へのスムーズな接続のために、Ｘ市の小学校教員と中学校教員とが情報を共有するための会議である。Ａ教員は、この会議を通して校区内に当事者児童がいることを初めて知ることになった。当事者児童生徒の存在が明らかになったことから、必要に迫られて性の多様性についての教員の学びが始まる例はよくあることである。Ａ教員の場合も、当事者生徒がいずれ勤務する学校に入学してくるということが、学びのスタートとなった。

★５　Ａ教員の「同性愛の人は同性なら誰でもいい」という語りについて、どのような他者を想定した発言であったのかをＡ教員に確認をしたところ、「性的な関係をもつ対象」を想定したものであったことを確認した（二〇一六年一二月一五日に確認）。

その後、A教員の勤める学校では、文部科学省の人権教育研究指定を受けられることになり、同僚の理解も得やすくなり、性の多様性に関する取り組みは学校組織を挙げた取り組みへと変わっていった。また、近くの高校に在籍していた当事者の生徒の話を聞く機会があり、A教員たちは、そのとき生徒に言われた言葉を重く受け止めた。

A教員：あのときあの子の発言から出た中学校の先生の姿。自分が中学校時代に受けた傷の話をいっぱいしよって、ぐさぐさきて。……自分がそういうこと言った記憶はないけど、中学校現場にそういう現実は残っているんと思ったし、うちの学校にもあるなーと。僕もそれに荷担してたかもしれんと。そういうショックの大きさもありましたね。

中学校の教員であるA教員は、近くの高校に通う当事者生徒から、一番傷ついたのは中学校のときに先生から言われた言葉であるという話を聞き、自分の言動が当事者の子どもを傷つけているかもしれないと、教員の言葉の影響の大きさについて顧みるようになる。こうしたことを受けて、A教員の学校では、当事者生徒の存在と差別の現状とを重く受け止め、学校を挙げて授業づくりに取り組むようになった。その取り組みは、ネットワーク会議を通して小学校教員にも伝えられ、校区内のすべての小学校において、六学年児童が卒業する前に、性の多様性の授業を実施することになった。こうしてスピーディーに取り組みがなされた背景の一つには、「チームで取り組めたこと」も大きかったとA教員は語った。

A教員：結局、僕一人じゃなかったということですね。ちょっと困ったときに理論的なことで相談できる○○先生がいたりとか。刺激を与えてくれる△△先生がいたりとか。チームで取り組めたことが大きかったですね。

このようにA教員の学校では、他の職員の理解を得ながら組織的な取り組みがなされたようである。しかし、現状では、性的マイノリティや性の多様性について授業をしようとするとき、他の職員の理解を得ることができず実施が困難になるケースが少なくない。A教員の学校の場合には、当事者生徒の入学、文部科学省の研究指定、研修の積み重ねなどが他の職員の理解を促したと考えられるが、学校として組織的な対応ができる状況をいかにつくり出すかということが重要である。

一方、ベテランのB教員の場合は、自身が被差別部落出身であり、自身の体験と性的マイノリティの差別が重なったときに、すぐに授業化しなくてはならないと思い立った。しかし、そんなB教諭でも、性的マイノリティの問題が人権課題だと認識するようになったのは最近のことであり、性的マイノリティ当事者であり、X市で中学校教員をしていた私から、差別の現実の話を聞く機会があったことが大きな原動力となったと語った。★6

B教員：性的マイノリティの問題は、人権課題として全くとらえきらんやった。知るよしもなかった。あったんやろうけど性同一性障害として一番顕著に見えるような子がおらんかった。なんかね、俺の心に突き刺さるものがなかった。〔当事者の〕生徒の話も聞いたけど、周りの子が出てこなかった。ただ、こいつが生きていくだけでとんでもないきつさがあるのはわかった。そして、あんたの話を聞いたのが俺にとってすっと落ちた。高校中学のときの椅子にずっと座っていた姿とか、誰にも気づかれんとじっとしていた姿がぴたっと俺にはまった。俺がそうやった。だから、あんたの言いよる姿が俺は人ごとではなかったと。生き写しやった。そんときに俺には落ちた。これをほたっとけるわけないやないか。それが俺の原動力やった。だから、すぐ授業つくろうと思った。

ある研修会で、私の小学校、中学校、高校での被差別の体験談を聞いたB教員は、「生き写しやった」と語るように、自身が受けてきた部落差別の体験とぴたりと重なった。それまで、「性的マイノリティの問題は、人権問題として全くとらえ」られなかったB教員の中で、異なる二つの差別が重なった瞬間であった。そのことに気づいたB教員は、「これをほたっとけるわけない」と考えるようになり、授業づくりへとつながっていった。また、被差別部落出身の教員として、同和教育に長い間向き合ってきたB教員は、同推教員にはあらゆる差別問題を受け止める素地があり、性の多様性の問題も理解が早いだろうと語った。

B教員：受け止めきるよ。なんでかっていったら、みんな同和教育の素地がある。差別に寄りそう、しんどい子に寄りそうとか、やっぱこれは周りの問題やっていう素地が同和教育でこんこんとつくられとるっちゃけん。部落に出会って向き合った先生、障害者差別に出会った先生、いっぱいおるし、そうやって出会っていくと、いろんな子どもに出会っていくなかで、自分を変えていく先生がいっぱいおるやろ。そういう先生たちは、そういう素地があるとその中の一つとして、すぽんと性のマイノリティが入るけん、これも同じた

★６　「差別の現実の話」とは、二〇一四年にX市のZ中学校区の教員を対象に行なわれた人権教育担当者研修会において、筆者が性的マイノリティの当事者と元教員の立場から語った内容のことである。

いってなる。

B教員は自身の経験から、部落差別や障害者差別と出会い向き合ってきた同推経験のある教員ならば、性の多様性の問題についても理解が早いと推測している。それは、「やっぱこれは周りの問題や」というような同和教育でつくられてきた素地、すなわち共通の認識が同推経験者にはあるからだという。教職経験三三年のB教員は、五〇代以上の教員はみな同推の経験があるので、性の多様性についても理解が早いはずだと考えていた。しかし一方で、若い教員のなかには、五〇代以上の教員の理解を得ることの方が難しいと訴える者もいる。

B教員：でも逆に五〇代の先生が課題だという若い先生もおる。A先生はいつも、若いやつの方は入っていくけど、年いったのは入らんって言う。年くうた五〇代の先生が癌やねとよく言う。それもあろうけど、でもやってきとう先生は、のみ込み早いねと思う。

二〇一五年に河口和也らによって行なわれた全国規模の調査「性的マイノリティに関する意識調査」では、①性的マイノリティへの差別意識、②同性婚への賛否、③性的マイノリティについて義務教育で教えることへの賛否などが調査されたが、いずれの項目においても、年齢が上がるにつれて差別意識が増加する傾向があるという結果が示されている〔釜野ほか、二〇一六〕。これらの結果は、「五〇代の先生が課題だ」という若い先生の証言を裏付けるものだと言える。B教員は、そうした事実を「それもあろうけど」と認めつつも、やはり経験ある教員は「呑み込みが早」く、逆に若い先生は実践力の面で経験のある先生に劣るという見方をしている。

しかし、同推経験がある教員が、すべて性の多様性について前向きであるとは限らない。同和教育推進の歴史のなかで、部落問題に比重をおこうとする同推もいる。同推にも実際にはいろいろなタイプがいて、一枚岩ではないようだ。

A教員：同和教育の先生のなかにもいろいろなタイプがいて、なんかいわゆる部落中華思想じゃないけど。部落問題を抜きにすれば、同和教育や人権教育はだめーとそれ以外のことはあまり広げて考えきらん先生もいれば。X市はどちらかと言えば、このものさしを使っていろんな課題、障害とか、マイノリティの問題とかにあてはめて、ああ、同じことが言えるねって。やっぱ〔差別を〕なくさないかんというような。B先生みたいなそういう先生がX市には多いなと僕は思っているんだけれど。

A教員の言う「部落中華思想」とは、人権同和教育の推進にあたっては部落問題が最も重要な課題であり、部落問題を抜きにすれば、人権教育は成り立たないとする考え方のことであると考えられる。このような考え方は、部落問題「さえ」扱えば、他の差別問題は扱わなくともよいと開き直ることにつながりかねない。実際、「同和教育」が「人権教育」と呼ばれるようになったとき、それは「単なる用語の変換ではなかった」〔大庭、二〇〇五、二七頁〕。「部落学習」を中心とした同和教育は、さまざまな人権課題を対象とする教育へと「発展的」に変わっていくことが指向されたはずだった。しかし、様々な人権課題への取り組みは、個別の人権課題として推進される一方で、他の差別問題とのつながりや共通する理論的な枠組みについては、十分な議論がなされてきたとは言えない。そうした理論的な枠組みの不足が、学校現場においていまだ、「部落中華思想」のような考え方が残る要因ではないかと考えられる。

また、別のD教員は、長年に渡って福岡県の人権・同和教育の推進にたずさわってきた（と自称している）教員なのだが、自校の実態をふまえると、性の多様性に関する問題については、取り組む必要性は低いという。

私：性の多様性に関する研修はやらないんですか。

D教員：やけん、これからはせないかんやろうねと思っている。ただ、今そうした問題でうちの学校に悩んでいる子どもがいるかというと、毎日教室にはいくけど、表面上はいないと思う。今うちの学校に必要なことから考えると、遠い。

D教員は、性の多様性に関する研修は、今後必要になってくると認めつつも、自校には、「今そうした問題でうちの学校に悩んでいる子どもはいない」ため、そうした研修の必要性は低いと考えているようである。しかし、実は別の場面で、D教員は自校の実態について次のように話している。

私：子どもたちの間では、性的マイノリティに対する差別的な発言というのはないのですか。

D教員：子どもはね、やっぱり、いっぱいあるっちゃない。言葉も乱暴やし。

D教員は、子どもたちが性的マイノリティに対して差別的な発言をしている実態があることを認めているにもかかわらず、自校に当事者児童がいない（把握していない）ことを理由に、性の多様性に関する取り組みは必要がないと考えているようだ。「言葉も乱暴」という証言から推測すると、学級経営などのより根本的な問題を抱えており、性的マイノリティに対する差別の問題は優先順位が低いということなのかもしれない。しかし、いずれにせよこうした発言からは、人権・同和教育にたずさわってきた経験を有する教員の一部は、差別事象の有無もしくは、被差別当事者が実際にいるかいないかということが重要であると考える傾向にあることがうかがえる。

（2）カミングアウトに対する考え方

被差別部落出身のB教員は、自分を語りさらすことの重要性を次のように語った。

B教員：……自分を話すことの重さをわからせないかん。さらすということの重たさを知るということは、同和教育の基本やった。さらすけど、それを受け止める周りがいる。それが僕たちが学んだ同和教育の根本やったけん。

部落学習の歴史において、自分が部落の出身であることを宣言することを「立場宣言」という。同推経験のある教員たちは、自己開示をもっとも重要なイベントと考えている。同推経験のあるC教員も自己開示には慎重で、周りに自分のことをカミングアウトしたいと申し出たトランスジェンダー当事者の生徒に、カミングアウトを思い留まるよう促し、その理由を次のように語った。

C教員：そのベースにあるのは、部落研の指導なんです。よく生徒がやるんですよ。感情が先走ってですね。人を前にしてから時間かけてから、これ〔差別〕はいけないんだということを客観的にわからせなきゃいけないのに、苦しい、きついという部分だけを感情的に語って終わってしまうんです。勉強せずに言ってしまうと。そしたら、逆効果になる場合もあるからですね。あるいは効果が薄い場合もあるんで、せっかくやるんやったら、きちっと話ができて、理解してもらって、納得してもらうような勉強までしてから言おうねと。そういう指導をしているんですよ。その準備ができたら、立場宣言と言うんですけど、僕らのころは部落民宣言とか言っててですね。（中略）そのためには、ものすごい準備を教師なり、その運動体がしたうえでやってましたね。

C教員は、カミングアウトを実行する前に、生徒自身にまずは勉強が必要ではないかと提案し、当事者生徒と共に性の多様性についての勉強を始めた。しかし、その本音は、教員側がこの問題に対応し得る知識がなく、カミングアウトされたらどうなってしまうかわからないという心配が先にあったようだ。

C教員：あのー、どういう状況が起るかわからないんですよね、立場宣言をすると。そのときに助け船なり、事態を収拾させるのもこっちの役目なんですけど、それができる人がたぶん誰もいないと思うんですよ、この件に関しては。だから自分も勉強する時間がほしかったというのも正直あります。だから、無責任なカミングアウトにはしたくなかった。

部落学習の歴史を通して「立場宣言」が重要な意味を持つことを学習していたC教員は、カミングアウト後に生じ得る様々な事態に対して教員が備えなければならないと考えていた。しかし、この件（性的マイノリティに係る問題）については、「それができる人が誰もいない」というように、教員の側に何の備えもできていなかった当時の状況がうかがえる。したがって、C教員によるカミングアウトの制止は、生徒のためというよりも、教員側の準備不足のためだったと言わざるをえない。また、そもそも、自分が何者であるかを表明するとき、教員の許可など本来は不要である。ましてや、当事者に対してカミングアウトを思いとどまらせる行為は、当事者をクローゼットの空間に押しとどめる行為である。そのような行為が当事者にもたらす影響について、教員が自覚的であることが必要である。

同推の経験から、自己開示の場の設定がいかに大事であるかを学んでいたC教員は、当事者生徒のカミングアウトについても、当初は場の設定が非常に大事であると考えていた。ところが、Ｃ教員が少人数の場を設定し、当事者生徒に最初のカミングアウトをさせたとき、カミングアウトされた生徒から「知ってましたよ」と軽く言われたことに衝撃を受け、場にこだわる必要性はそこまでないのかもしれないという考えを持ち始めた。

Ｃ教員：それまでは、ものすごく場の設定にこだわっていて、まずは友達、次はクラス、次学年集会。で、いけたら次に全校集会みたいな。いかに場をつくって、いかに安全にそれを終了させるかということだったんですね。ところが、あの〔カミングアウトの〕ときの、「知ってましたよ」とぽろっと言われて、入っていた力がストンと抜けたような気がして。ああこれか、別に構えなくてもいい。周りの問題なんだと。周りがそれを受け入れる心の広さじゃないけど、自己開示を受け入れる力があれば。「あなたはそうなのね」みたいに。そうなったらあらためて場をつくらなくてもいいのかもしれないと。

部落研の歴史では重要な意味をなしていた立場宣言という行為だが、性的マイノリティのカミングアウトについては、その趣は異なる。カミングアウトはクローゼットの状態と表裏一体の側面があるからである。金田智之は、「「カミングアウトしない状態」はクローゼット状況と同一な状況であるわけではない」とし、これまでの研究が実践面において、カミングアウト行為に比重を置きすぎてきたのではないかと批判しながら、「カミングアウトしなくてもやっていけるような状況」へ目を向けることの必要性を指摘した［金田、二〇〇三、七五―七七頁］。そもそも、カミングアウトが成立するためには、「アウトするもの」、すなわち「秘密」を持っていなくてはならない。カミングアウトは、同性愛が隠された状態、すなわちクローゼットの状態を必要とするのである。よって、カミングアウトが必要な空間は、それと対をなすクローゼットの空間を要求する。クローゼットの空間のない場所では、カミングアウトもまた成立できないのである。ヴィンセントらによると、カミングアウトは、主体を生成するプロセスであり、社会の同性愛嫌悪に抵抗するための手段であった［ヴィンセントほか、一九九七、一二二頁］。しかし、カミングアウトは、闘うべき相手が存在しているときにこそ必要だったのであり、皮肉なことに、カミングアウトすることが敵の存在を要求するという構図を生み出してもいる。このように考えれば、カミングアウトし続けることや語り続けることよりもむしろ、カミングアウト／クローゼットという二元論的な構図と制度を無効にすることが、より重要であると言える。

ここで、カミングアウト行為に比重を置きすぎないための一つの戦略としては、「気軽にカミングアウトすること」も有効なのではないだろうか。そもそも、カミングアウトをさせる／させないとは、特権的で安全な場にいる非当事者の立場からの言葉にすぎない。例えば、周りがすべて当事者である空間、あるいは、当事者であることをすでに周りが知っている特別な空間では、確かにカミングアウト行為は必要がない。このような空間は、当事者たちによってつくられたサークルや当事者が集まるバー、クラブなどが考えられる。これらの空間は、当事者たちが娯楽や出会いを目的に集まっているだけではなく、当事者たちのプライバシーを保護し、差別や偏見にさらされる危険性から当事者を守るという、安全な空間としての機能も果たしていると考えられる。一方で、そのような「特別な空間」の外部には、「危険」が存在している可能性がある。さらに、当事者であることをすでに周りが知っている状況は、他者のアウティング[★7]によってもたらされるようなことがあってはならない。本来的に必要なのは、カミングアウトしたとしても安全が保たれる「カミングアウトしてもよい空間」であり、そのような空間こそ気軽にカミングアウトできる空間なのではないだろうか。

★7　本人の了解を得ずに、クローゼットのままでいようとする当事者のセクシュアリティを暴露すること。一橋大法科大学院の男子学生が同性愛者であることを暴露されたことによって自殺していたことが報道され［『朝日新聞』二〇一六年八月五日］、性的マイノリティに対するアウティングが日本でもクローズアップされた。

（3）「性の多様性」に対する拒絶

B教員によると、これまでの人権同和教育では、「多様性」という言葉そのものはあまり登場してこなかったが、多様な人々の存在を尊重する考え方は、人権同和教育の中でも大切にされてきたことのようである。

B教員「多様性」という言葉は使ったことがなかったが、共通項があってね。みんな違ってみんないいとか。いろんな人が大切だとか。これは、障害者差別のときにいつも言いよった。これはもう普遍やね。性の多様性についてもいっしょやね。

「みんな違ってみんないい」という言葉に代表されるような多様な人々の存在を尊重するという考え方を、B教員は「普遍」であると語った。B教員はこうした考え方に基づいて、性の多様性についても、尊重されるべきものであると考えている。また、個性の尊重については、「個性学活」という授業の「型」が存在し、身体測定などの時期にあわせて実施されてきた。多様性の尊重という考え方自体は、なかったわけではなく、個性を認め合い尊重するという文脈で人権同和教育の中で謳われてきた。ただ、そうした個性尊重の概念の中に、性の多様性の尊重という考え方はなかったようである。

一方、小学校で性の多様性について教えることに慎重な立場の教員もいる。E教員は同推経験のない管理職教員である。

E教員：必要だとは思いますが、小学校では優先順位が高くないのではないかというふうに思うんですね。例えば、性教育の問題も本当に悩んで自殺をするというのは中学校や高校に入ってからが多いでしょう。小学生にあった性教育というのも難しくて。小学校一年生の生活レベルから小学校六年生までものすごく変わる時期で、どう教えればいいかという課題はあるんですが。課題性としては、小学校では性のグラデーションの問題は優先順位は高くないのではないかと思います。人生にはいろんな課題があるわけで、一番大事なのは命にかかわる問題。ただ、なんでもかんでも命にかかわる問題ですといって、人権に結びつけるような風潮があるのではないかと思っています。……また、人口の何パーセント性的マイノリティがいるというけれど、小学生の場合には、いったい何人がそれを自覚できるのかなあという疑問があります。

E教員は、小学生にとっては「優先順位は高くない」という理由で、性の多様性を教えることに慎重である。さらに、小学校で性教育を行なうこと自体が難しいとさえ言う。これは、性的マイノリティへの差別的言動が小学校入学やそれ以前からすでに始まるという実態［いのちリスペクト。ホワイトリボン・キャンペーン、二〇一四］を、E教員が単に知らないだけだと読み取ることもできるが、子どもたちが使う性的マイノリティに対する差別的な言葉を、差別的だと認識する視点そのものが欠けていると分析することができる。

さらに、小学生のいったい何人がそれを自覚できるのか疑問であるとして、やはり小学校で性の多様性を教える必要性について疑問を投げかけている。ここからは、性の多様性に関する教育は、「当事者の子どもに必要なもの」であって、「当事者ではない子どもには必要がない」と考えていることがわかる。このようなE教員の差別に対する認識は、長年にわたって人権同和教育にたずさわってきたB教員とは大きな隔たりがある。B教員が「やっぱこれは周りの問題や」と語ったように、差別は、差別を受ける当事者の問題ではなく、周りの人々の問題であると考える一方で、E教員は、差別は当事者の問題だと考えているのである。

二〇一五年三月までの文部科学省の対応は、性的マイノリティの中でも性同一性障害に限ったものであった。そのため、教育現場では、「性同一性障害はいいが、同性愛はよくない」と言ってはばからない教員も少なくない。同性愛より性同一性障害の方が受け入れられやすいというのは、教育現場ではより顕著である。A教員が性の多様性の問題に取り組み始めたときも、性同一性障害という言葉しか使っていなかった。

Ａ教員：うすうすだけど、同性愛を教えることによって同性愛者が増えるんじゃないかと思っている人がけっこういるなというのが感じる部分もあったりして。なんか性同一性障害はいいけど、同性愛はっていうのもなんとなくあります。……僕が性同一性障害しか言ってなかった時期があったけど、そのときに、それって性同一性障害だけですかって聞かれたときに。あ、そうやねと思って。僕らはＬＧＢＴのつもりで言ってるんやけど、なんかＴ〔トランスジェンダー〕からのほうが職員もわかりやすいっていうのがあると思います。

日本では、二〇〇三年に「性同一性障害者の性別の取扱いの特例に関する法律」が制定され、二〇一〇年代以降は、教育の分野でも文部科学省の通知などを通して「性同一性障害に対する配慮」が要請されるようになってきた。河口和也は『同性愛と異性愛』の中で、性同一性障害が日本においてなぜこれほど注目されたのかを分析し、その背景にある要因として、①医学の問題として提示されたこと、②端的に「心の性」と「体の性の不一致」とみなされたことの二点を挙げている［風間・河口、二〇一〇］。また、Ａ教員が「性同一性障害はいいけど、同性愛は」と語るように、性同一性障害という用語は、同性愛に対する嫌悪の隠れ蓑としても機能すると考えられる。性同一性障害という医学用語は、性自認と生物学的性が一致している状態を正常（健康）とみなし、一致していない状態を異常（病気）とみなすものであり、異性愛規範がその前提にある。したがって、「性同一性障害はいいが同性愛はよくない」とは、異性愛はよいが同性愛はよくないということであり、極めて異性愛至上主義的な発言であると言わざるを得ない。

（4）管理職の理解

そして、A教員が自校や校区で性の多様性について取り組むことができた要因として、もっとも大きいものとして挙げたのは、校長が理解を示したことであった。

A教員：やっぱり校長先生との出会いは、大きかったかもしれん。これはF校長先生だけんと思います。違う校長だったら今のテンポでここまできてないと思います。もうちょっと時間かけて、もうちょっとなんかこう、作戦立てて、わかってもらうために、校長説得が必要だった気がします。今の校長先生は、「ようわからんばってん一緒に考えよう」っていうスタンスで言ってくれるんで。……これが、僕みたいな何でも実践からしてみようっていうタイプの教員からしてみたら、校長先生がＯＫを出すのか、する段階でもめるのかで全く違ってくるので。

Ａ教員が「校長先生がＯＫを出すのか、する段階でもめるのかで全く違ってくる」と語るように、学校が校長をトップにした組織である以上、学校において何かを実現させるためには、校長の理解は不可欠である。したがって、性の多様性に関する取り組みを学校で行なうためには、性の多様性について校長がどう理解しているかが鍵となると言える。

Ａ教員の勤務する中学校のＦ校長は、性の多様性をテーマとした授業研究を学校として引き受けた経緯を次のように語った。

Ｆ校長：この課題は、必然的なものがあったんですよね。性同一性障害ではないかと疑われる生徒が入学してくるというのが、小学校からの情報で入ってきていたんですね。……来てから取り組むのでは遅いということで、受け入れ態勢を前の年からつくっていかないと間に合わないということから取り組み自体はスタートしたんです。それと、タイミングがぴったり合って、その課題について研究をしませんかっていう文科省の研究指定校のお話がうちに来たんですね。

F校長が、当該校で性の多様性について取り組むことになったきっかけの一つとして挙げたのは、性同一性障害の可能性のある当事者生徒が入学してくるという情報が事前に入ってきたことであった。そこにタイミングよく、文部科学省の研究指定校の話があり、それを利用したということのようだ。したがって、F校長が最初から性の多様性について理解があったというわけではなかったようである。しかし、文科省の研究指定をきっかけに校内での研修や授業研究を重ねるうちに、F校長自身の性に対する認識が変わり、性について幅広くとらえられるようになったという。

F校長：……そういうのも生き方なんだよ。こういう気持ちの人もおって当然なんだよっていうのを性のグラデーションでしっかりわからせていかないと。人間っていうのはそういうもんなんだっていうね。二者択一できるもんじゃなくて、男と女だけじゃなくて、分けられるもんじゃないんだよっていうことをね。やっぱもう中学生なら、小学生でも理解できるかもしれないけど。その学年に応じた理解が必要だよね。

このようにF校長は、性の多様性について「学年に応じた指導」が必要であることを認識している。こうした認識は、「小学校では優先順位が低い」という理由で、性の多様性について教えることに慎重な先述のＥ教員の認識とは異なる。現在では、学年に応じた指導が必要だという認識を持っているＦ校長も、以前はＥ教員のように低学年の子どもにこうした内容を教えることには慎重な立場だったと自身の認識を振り返った。

Ｆ校長：僕自身もそうだけど、〔性の多様性について教えるのは〕「何歳からにしてくれ」って言うタイプだったと思うんですよ。ということはね、結局「それ」から距離を置いているというかな、逃げているだけじゃないかと思う。後回し、後回しにしていっているだけじゃないかなと思います。

Ｆ校長はかつての自分の考え方を振り返り、性の多様性について子どもに教えることを「後回しにすること」は、教員が「それ」すなわち性の多様性について教えることから「逃げているだけ」だと言う。こうした逃避は、性の多様性について「何を教えればよいのかわからない」という単純なスキルの不足に留まらず、「多様な性」それ自体からの逃避でもあるだろう。多様な性を教えるためには、教員自身が多様な性と向き合わざるを得ない。そのとき、特権的で安全な場所にいたはずの、自身のジェンダー観やセクシュアリティに向き合うことになるからである。

3　考察――人権同和教育と性の多様性の交叉性

本章では、性の多様性についてすでに取り組んでいる教員が、いかなる動機や背景があって、性の多様性について学校で教えるまでに至ったのかを探るために、主として人権同和教育を推進してきた教員たちへのインタビュー調査をもとに分析をした。

その結果、性の多様性の問題に取り組み始めた背景および契機については、①部落問題で培われたものさしが、性的マイノリティへの差別の問題にも応用ができることに気づいたこと、②性的マイノリティ当事者の子どもの存在が明らかになって必要に迫られたこと、③教員自身の経験を基に、性的マイノリティへの差別も他の差別と同じだと考えられたこと、④性の多様性に対して、若い教員たちの抵抗が少なかったこと、⑤管理職が理解を示したことなどが挙げられることがわかった。また、⑥文部科学省の研究指定や通知などの後押しも背景にあったと考えられる。

反対に、性の多様性について学校で取り組むことを阻む要因としては、①同推経験のある教員の中には、部落問題こそが人権教育であり、他の人権問題は二の次であると考える者もいること、②被差別の当事者がいなければ、人権教育は必要ないと考える教員もいること、③年齢層の高い教員は、性の多様性に対して抵抗が強い場合があること、④性同一性障害への抵抗は少なくても、同性愛に対する偏見がより根強い場合があることなどが挙げられる。

では、総じて人権・同和教育にたずさわった経験は、性の多様性に関する教育にどう結びつき得ると言えるだろうか。A教員やB教員は、「公的な情報として教えることの必要性」や「差別は周りの人々の問題である」などの同和教育で培った「ものさし」が、性的マイノリティに対する差別問題を考えるときにも応用できることを発見し、その「共通のものさし」を使って人権教育の枠組みで、性の多様性を教えようとしていた。

一方で、同和教育で培われてきたカミングアウト（立場宣言）に対するとらえ方を、性的マイノリティの当事者生徒にそのまま応用することには、問題がある可能性も示された。例えば、C教員は、部落学習では立場宣言が重視されてきたというものさしを使って、性的マイノリティ当事者である生徒のカミングアウトに対して必要以上に身構えてしまった。カミングアウトは、ゲイ・スタディーズの文脈においても中心的なテーマとして議論されてきたが、カミングアウトに対するとらえ方は、世代間あるいは居住地が地方か大都市かによっても異なる可能性がある。特に最近の若い世代の性的マイノリティの中には、カミングアウト行為に対する抵抗がない、あるいは重要性が低いと語る者もいる［眞野、二〇一四］。もしかすると、性的マイノリティのカミングアウトに対するとらえ方の変化は、被差別部落当事者の立場宣言に対する再評価の必要性をも示唆するものかもしれない。

X市で性の多様性に関する教育実践を後押ししたものの一つは、当事者児童生徒の存在であった。しかし、部落学習にせよ、性の多様性に関する学習にせよ、人権同和教育は、当事者がいるから、あるいは当事者が「かわいそうだから」必要なわけではない。大庭宣尊は、従来の人権同和教育が、「差別をされる人々」にまつわる受動態の物語を通して実践され、さらに心の問題として構成されてきたことの限界を指摘している〔大庭、二〇〇五〕。つまり、本来必要なのは、「差別する側」の認識や特権的な立場などの問題性に働きかける教育であろう。したがって、当事者の有無に拠った実践では本来的に意味がないし、そもそも、性的マイノリティが見える存在とは限らない。

また、人権同和教育で培ったさまざまな考え方を他の差別の問題に応用する教員がいる一方で、人権教育は部落問題だけをやればいいと考える教員や、性の多様性を人権課題であると認識していない教員もいまだに多い。したがって、そうした教員たちの認識をいかに問い直していくかということも課題である。

第6章　性の多様性をめぐる諸外国の教育

前章までは、日本の学校で行なわれてきた性的マイノリティの子どもに対する個別的支援について検討したり、日本の学校で蓄積されてきた人権同和教育と性の多様性との交叉性について検討したりしてきた。ここで諸外国へと視野を広げて、海外の学校教育では、性の多様性に関連してどのような教育実践がなされてきたかを、いくつかの例を取り上げながら検討することにする。

1　海外の教育実践から学ぶ二つの教育アプローチ

二〇一一年六月一五日、国連で採択された決議「人権と性的指向・性自認（Human rights, sexual orientation and gender identity）」は、性的マイノリティの人権に関する初めての国連決議として世界の注目を集めた[★1]。二〇一五年六月には、米国の連邦最高裁判所によって同性婚を禁止することは違憲であるとの判断が下された。これによって、米国全州において同性婚が認められることになった[★2]。このように、近年の国際社会においては、性的マイノリティの人権を保障するような動きが見られる。その一方で、現在でも性的マイノリティを標的としたヘイトクライムは発生しているし、国連広報センターによれば二〇一二年の時点で、同性愛を犯罪とみなしている国家は七六か国存在している[★3]。したがって、性的マイノリティの人権は完全に保障されているとはいいがたい現状ではあるものの、先に述べた国連決議や米国最高裁判所の判断は、性的マイノリティに対する差別との闘いの運動や学問の歴史によって成し遂げられたものであるということができる。こうした差別との闘いの歴史の中で積み重ねられてきた草の根的な運動や教育実践に学ぶことは、重要であると考える。

日本では、一部の学校が「性同一性障害」を対象とした支援や配慮に取り組んできた実績はあるものの、性的マイノリティ全般を視野に入れた取り組みは少ない。一方、欧米諸国や国連などのレベルでは、性的マイノリティを視野に入れたカリキュラムやガイドラインがすでに使われている。例えば、ユネスコが作成している「国際性教育ガイダンス（二〇〇九年）」やカナダのトロント市のＬＧＢＴ教育プログラム、性的マイノリティの生徒を積極的に受け入れているニューヨークのハーヴェイ・ミルク・ハイスクールの取り組みなどである。また、ドイツでも、ハイデルベルク市などが教育カリキュラムの中に性の多様性に関する内容を位置づけている。これらの欧米諸国の学校や行政が採用している性的マイノリティを視野に入れた教育の内容や位置づけなどについて知ることは、日本の学校教育の中に性の多様性を位置づけるときの手がかりとなると考えられる。

　そこで本章では、はじめにいくつかの国の学校で行なわれている性的マイノリティ（ＬＧＢ

★１　この決議は、賛成二三か国、反対一九か国、棄権三か国による僅差の可決であったが、日本も賛成票を投じた。詳しくは、［谷口、二〇一一］を参照。

★２　性的マイノリティの人権に対する米国政府の立場や関連する議論について、詳しくは、二〇一四年七月に筆者らが企画したシンポジウムの報告書［ゲルマー＆眞野、二〇一五］を参照されたい。

★３　国際連合広報センター（二〇一六年一一月四日確認）。http://www.unic.or.jp/activities/humanrights/discrimination/lgbt/

T）を視野に入れた教育について概観する。さらに、私が二〇一五年三月に視察した、ドイツのドッセンハイムにあるハイデルベルク自由学校（Freie Schule LernZeitRäume）における取り組みを紹介する。最後に、世界で行なわれている性的マイノリティを視野に入れた性の多様性をふまえた教育の方法について、「分離的アプローチ」と「統合的アプローチ」の観点から整理する。欧米諸国で行なわれている性的マイノリティを視野に入れた教育は、その手法から、分離的アプローチと統合的アプローチの二つに大別できる。分離的アプローチとは、性的マイノリティの子どもをマジョリティの子どもから分離し、異なる教育的空間を設置することで性的マイノリティの子どもの学習権を保障するというオルタナティヴ教育のことである。[★4]一方、統合的アプローチは、性的マイノリティと性的マジョリティとを分離することなく、同一の空間で教えようとするアプローチである。[★5]性的マイノリティを視野に入れた教育のうち、はじめに分離的アプローチの例を見ていく。

（1）分離的アプローチの事例

性的マイノリティの子どもを視野に入れた教育のうち、分離的アプローチの例として、カナダのトロント教育委員会が一九九五年に設置したオルタナティヴ・スクール・プログラムがあげられる。これは、同性愛嫌悪的ないじめや性的マイノリティ差別により退学あるいは不登校となった生徒に、「安全な場」としての分離的な教育空間を提供することで、学習権を保障しようとするものであった。

しかし、この分離主義的なオルタナティヴ・スクール・プログラムは、設置された当初から、その賛否をめぐって論争が起こっていた。トロント大学のスナイダー（Kathryn Snider）は、①教育空間を分離することは差別の隠蔽でしかなく、差別の再生産になる。②むしろ、正規の教育システムに働きかけるべきである、という二つの観点から批判をしている［Snider, 1996］。とはいえ、いじめや差別によって正規の学校をドロップアウトすることを余儀なくされた性的マイノリティの子どもたちにとって、こうした分離的教育空間は一定の役割を果たしてきたことも事実である。その後、二〇〇二年にはアメリカで世界初の性的マイノリティ専門の高等学校が

★4　このような分離主義的教育は、一八九六年に米国最高裁判所によって下された「プレッシー判決」に用いられた「分離すれども平等（separate but equal）」論を起源とするアプローチである［Tyler, 1997=2002：290］。

★5　このようなアプローチは、障害を持つ子どもを含め、すべての子どもを同一の学校共同体で正規の成員として位置づけようとするインクルーシブ教育［Solner, 1997=2002］と相同である。

誕生し世界的に話題となった。

ハーヴェイ・ミルク・ハイスクールは、もともとは一九八五年ニューヨークに設立された民間の教育施設であったが、二〇〇二年にニューヨーク市立の高校となった。世界初の性的マイノリティ専門の教育機関として注目されることになったハーヴェイ・ミルク・ハイスクールは、①すべての子どもに安全な教育的空間をつくり出すこと、②通常の学力保障だけではなく、多様性や自尊心を育むことを基本的な理念に掲げている。★6 このような高校が必要だったのは、ニューヨーク市の多くの学校において同性愛嫌悪的な差別があり、当事者の子どもにとって通常の学校が安全な教育的空間とは言えない状況があったからである。したがって、このような分離的教育空間を創造することで、同性愛嫌悪的な学校空間からの「避難」を可能にさせたと言うことができる。こうした避難は、同性愛嫌悪的な差別から当事者の子どもたちを守るだけではなく、安心で安全なコミュニティの中で、子どもたちの自尊感情を育む上で有効であると思われる。しかし、こうした避難では、正規の学校システムに組み込まれている同性愛嫌悪や異性愛主義はそのまま温存されることになり、社会との分離が進むだけであるという批判も可能である。したがって、性的マイノリティ当事者に対する学力保障や自尊感情の育成と共に必要になるのが、マジョリティ側に対する働きかけであると言える。

（２）統合的アプローチの事例

次に、性的マイノリティだけではなく、性的マジョリティを含めたすべての子どもを対象にした統合的アプローチによる教育実践について見ていく。

イギリスでは、二〇〇七年に「No Outsider」という試験的なプロジェクトが一四校の小学校で実施されることになった。[★7] このプロジェクトでは、絵本や絵画、ドラマなど、様々な手法を通して、四歳から一一歳の児童に同性愛について教えるというものである。その教材の一つには、オランダ原作の絵本『King & King』がある。どんなお姫様に出会っても恋に落ちることができなかった王子様が、別の王子様と恋をして結婚するという物語である。[★8]

また、別の絵本『And Tango makes three』は、アメリカの動物園であった実話をもとにしたもので、二匹の雄ペンギンが子育てをするという物語である。[★9] このプロジェク

資料6-1　『King & King』の日本語版『王さまと王さま』

トの代表であるエリザベス・アトキンソンによると、「学校の中の同性愛嫌悪的な事象は、人種差別的な事象より多」く、深刻ないじめ被害によって自分の殻に閉じこもってしまったり、学業成績の低下を招いたりしているという。[★10] このプロジェクトは、そうした学校の中にある同性愛嫌悪そのものにアプローチするものであると言える。

さらにイギリスでは、二〇一一年にすべての教科を通して、同性愛について教えるという取り組みも開始されている。これは、教員養成開発機構（Training and Development Agency for Schools）の補助金により立案された授業プランで、学校はこのプランを採用するかしないかを選ぶことができるという。具体的に各教科では、次のように同性愛について教えられる。[★11] 数学では、人口の中に同性愛者が占める割合を調べたり、数学の問題に同性愛者の登場人物を使ったりする。図工では、同性愛者の権利運動につながるシンボルをつくる。理科では、ペンギンやタツノオトシゴなどオスが子育ての主要な役割を果たす動物について学んだり、同性カップルを含む多様な家族形態について議論をしたりする。地理では、サンフランシスコのカストロ地区の歴史を調べて、なぜゲイの人々が集まってきたのかを考えさせる。国語では、同性愛者の登場人物を使ったり、ＬＧＢＴ用語について教えたりする。このようにすべての教科を通して同性愛について教えることを徹底しなければならないのは、子どもたちの間にそれだけ根強く同性愛嫌悪が存在しているからである。

★6 Harvey Milk High School（二〇一六年二月二九日確認）。http://schools.nyc.gov/SchoolPortals/02/M586/default.htm

★7 GAY JAPAN NEWS「イギリスの小学校同性カップル家庭に関する教育を始める」（二〇一六年二月二九日確認）。http://gayjapannews.com/news2007/news58.htm

★8 筆者はアンドレア・ゲルマーと共にこの絵本を翻訳し、二〇一五年八月に出版した（資料6―1）。リンダ・ハーン&スターン・ナイランド、アンドレア・ゲルマー&眞野豊訳『王さまと王さま』ポット出版　二〇一五年。

★9 二〇〇八年に日本語版（ジャスティン・リチャードソン&ピーター・パーネル、尾辻かな子&前田和男訳『タンタンタンゴはパパふたり』）が出版されている。

★10 前掲本章★7。

★11 Jasper Copping "'Gay lessons' in maths, geography and science"（二〇一六年二月二二日確認）。http://www.telegraph.co.uk/education/educationnews/8275937/Gay-lessons-in-maths-geography-and-science.html

オーストラリアでは、一九九七年までにすべての州で同性愛は非犯罪化され、現在では同性愛者に対する差別が禁止されているが、もともとは大都市を除いて同性愛に対する根強い差別が存在する地域であった［Beckett, 2001=2011］。特にキリスト教会の影響が強い地域では、差別や偏見が根強く残っており、一九九六年にはタスマニア州において、治安強化一括法案の一環として、同性愛行為に対する刑罰を強めようとする動きもあった［Connell, 2002=2008 : 12］。このような根強い差別を背景に、タスマニア州では、州レベルで性の多様性の肯定や同性愛嫌悪に対抗するための取り組みもなされてきた。タスマニア教育省は、二〇〇七年三月からすべての中等学校へ、同性愛嫌悪に対抗する教育プログラム「プライドと偏見」を導入した。このプログラムは、同性に惹かれる若者の発言を映したビデオや周到に準備されたセッションなどを通して、当事者の声に基づいた内容について段階的に学ぶことができる。このプログラム導入後、特に高学年の学生のレズビアン・ゲイに対する姿勢が顕著に前向きになったとされている［ウィットハウス、二〇一二］。

このように、性的マジョリティを含むすべての子どもを対象に、性の多様性を肯定する内容を教えることで、学校空間から性的マイノリティに対する差別を軽減させることが可能である。次節では、私が実際にフィールドワークを行なったドイツの私立学校における事例を紹介する。

2　ドイツ・ハイデルベルク自由学校

私は二〇一五年三月二五日、ドイツのドッセンハイムにある私立学校「ハイデルベルク自由学校」（Freie Schule LernZeitRäume）を視察した。

この学校は、二〇〇五年に設立された私立の学校で、小学生から高校生まで約一〇〇人の児童生徒が在籍している。教員は、三人の校長を含めて約三〇人が勤務している。私立の学校ではあるが、二〇〇八年からは国からの支援を受けて運営しているという。学校の案内をしてくれたのは、校長の一人で、学校の設立者でもあるオーネゾルゲ校長（Dr.Axel Ohnesorge）である（写真6―1）。この学校が設立当初から採用しているのが、ドイツ発祥のイエナプランという教育プログラムである。

イエナプランは、一九二〇年代にドイツで生まれた

写真6-1　学校を創設したオーネゾルゲ校長（筆者撮影）

教育プログラムで、一九五〇年代以降はオランダに紹介され広まった。イエナプランの基本的な理念は、子ども一人一人を尊重し、自主性と多様性を重んじるということである。したがって、教員は、一方的に「教える」というよりも、子どもが困ったときにアドバイスを与える「相談役」として機能する（写真6―2）。

朝と夕のホームルームにはサークルの形になって対話をするという最低限のルールだけが決められており、子どもは主体的に自分が学びたいことについて学ぶことができる（写真6―3）。時間割も、教員のアドバイスをもとに自分で組み立て、何の学習をするかも自分で決めることができる。子ども一人一人の個性と多様性の尊重を何よりも重視するのが、このプログラムの教育理念である。

オーネゾルゲ校長によるとこの学校では、性の多様性について次のように教えているという。

〈性の多様性に関する学習〉

・中学校二～三年には性に関する学びがあり、その中で教えている。
・子どもから質問があるとすぐに教える。
・小学校段階では、身体のことを中心とした内容を教える。

・中学校段階では、アイデンティティの問題として教える。
・レズビアンカップルの子どもが転入してきたときに、導入として話題を提供した。
・性に多様性があるということは「ふつうのこと」として教えている。

写真 6-2　子ども主体の授業（筆者撮影）

写真 6-3　基本のサークル（筆者撮影）

中学校段階における性に関する学びの中で、性の多様性について教えるように計画されているが、それは固定的なものではなく、子どもから質問があったときに教えるというスタンスである。もともと、イエナプラン教育では、多様性の尊重が重視されており、性の多様性に関しても特別なカリキュラムを用意して教えているのではなく、多様性尊重の一環として教えているということである。その象徴的なエピソードとして校長が教えてくれたのが、実は保護者の中にはレズビアンのカップルがいて、彼女らの子どもが転入してきた際にそのことを題材にして学習をしたということであった。多様性を尊重するという基本的な教育理念の中で、性の多様性についても自然な形で教えられているということである。しかし、こうした教育が可能なのは、その背景にある社会や文化に依るところが大きいと考えられる。例えば日本では、レズビアンのカップルが子どもを学校に預けたとしても、保護者のセクシュアリティを学校に伝えることはあまり考えられない。現状では、差別や偏見にさらされるリスクが大きく、他の保護者も含めて学校は、安心してセクシュアリティをオープンにできる場とはなっていないからである。したがって、たとえ保護者の中に同性カップルがいたとしても、多くの場合不可視化されており、子どもたちが多様な性や多様な家族形態について学ぶ貴重な機会が奪われてしまっているのである。そのような意味で、イエナプランにおける多様性尊重の教育は、リベラルな社会や文化に支えられた実践であるということができる。

３　考察——性の多様性と教育をめぐる分離と統合

これまで、欧米諸国で行なわれてきた性の多様性に関する教育について、分離的なアプローチと統合的アプローチの二つの側面から見てきた。これらの二つのアプローチの特徴についてまとめると、表６—１のようになる。

トロント教育委員会のトライアングル・プログラムやハーヴェイ・ミルク・ハイスクールのような分離主義的な教育は、厳しい差別を背景として、当事者の子どもの学習権を保障しようとするものである。しかし、これらのアプローチで対象となるのは、性的マイノリティ当事者の子どもたちのみである。したがって、当事者を排除しているマジョリティの子どもたちや、正規の学校およびカリキュラムの問題性について積極的に触れられることはない。

一方、イギリスのプロジェクト「No Outsider」や、タスマニア州の「プライドと偏見」プログラム、ドイツやオランダの学校で採用されているイエナプランなどでは、性的マイノリティと性的マジョリティとを分離することなく、同じ空間で、性の多様性に関する学習が行なわれる。それらの教育は、性的マイノリティに向けられるというよりも、性的マジョリティに向けられたものである。

このような教育をめぐる分離と統合の議論は、特別支援教育においてもなされてきたことである。「障害のある人が障害を理由として一般教育制度から排除されないこと、並びに障害のある子供が障害を理由として無償かつ義務的な初等教育又は中等教育から排除されないこと」[★12]を目指すのがインクルーシブ教育であり、障害児教育において近年、重要視されるようになってきている。一方、障害児と障害を持たない児童が触れ合う機会の重要性を認めつつも、障害を持った子どもには特別なニーズがあり、そうした特別なニーズに応えるための「特別な学級」が必要であるという議論もある［茂木、二〇〇七］。

教育における統合か分離かをめぐる議論は、さらに一九五〇年代のアメリカにおける公民権運動の時代にまでさかのぼることができる。一九五四年の「ブラウン判決」では、「諸施設が平等であると主張されたとしても、人種隔離は非白人生徒に有害な影響を与える」と論じられた。

表 6-1　性の多様性に関する教育における分離的アプローチと統合的アプローチの比較

	分離的アプローチ	統合的アプローチ
名称	トライアングル・プログラム（トロント） ハーヴェイ・ミルク・ハイスクール（ニューヨーク）	「No Outsider」プロジェクト（イギリス） プライドと偏見（タスマニア） イエナプラン（ドイツ、オランダ）
特徴	・厳しい差別の現実を背景に、学習権を保障 ・当事者のみを対象としたもの	・教室から差別をなくすための学習機会の創出 ・性的マジョリティを含むすべての子どもへ向けたもの

出典：筆者作成

したがって、この判決では、分離的な公立学校施設は「本質的に不平等」であることが示されたのである［Tyler, 1997=2002］。このブラウン判決に依れば、性の多様性をめぐる教育における分離的なアプローチも、本質的な不平等を内包しているということになるだろう。

　では、性の多様性をめぐる分離主義と統合主義の議論を日本の学校に当てはめると、どうなるであろうか。現在の文部科学省の通知は、性同一性障害をはじめとした性別違和を抱える児童生徒への特別な配慮を要請するものである。性的マイノリティの子どもに対する特別な配慮は、基本的には同一の学校空間で求められており、必要に応じて別室での指導が行なわれる。例えば、更衣や宿泊をともなうような場面では、特別の部屋や時間をずらすなどの対応が行なわれる。したがって、現状では基本的に統合的なアプローチが採用されており、必要に応じて分離が行なわれるようになっていると言える。しかし、実際には、不登校や適応指導教室登校を余儀なくされる当事者の子どもが多い［中塚、二〇一〇］。これは、性的マイノリティの子どもへのいじめや暴力を防ぐような周りの生徒への適切な指導が行なわれていなかったり、学校側の受け入れ態勢が不十分あるいは不適切であったりすることが原因であると考えられる。した

★12　「障害者権利条約　第二四条（教育）」二〇〇六年一二月採択。

がって、本来は統合的な同一空間での指導や対応が求められているが、実際には仕方なく分離的な対応をとっている学校が多いという現状である。学校や教員の都合で、仕方なく分離的な空間へと追いやられている性的マイノリティの子どもは、ある意味では、解消できない学校空間のセクシズムや同性愛嫌悪から、分離的な空間に避難しているという見方もできる。しかし、そうした避難は、学習の遅れや進路の選択肢を狭めることにもつながる恐れがあり、決して望ましいものではない。

本章では、欧米諸国で行なわれてきた性の多様性に関する教育について、分離的アプローチと統合的なアプローチという二つの側面から事例を整理した。その結果を次のようにまとめたい。①差別が厳しい現状では、学習権を保障する場、すなわち「避難の場」としての分離的な学習空間も必要である。しかし、②分離は避難であると同時に、「隔離」でもある。したがって、本質的には不平等が残存している。実際のところ、差別がなければそうした分離的な空間はそもそも必要がない。さらに、③分離的なアプローチでは、マジョリティがマイノリティについて学ぶ機会を失わせる可能性がある。④差別に対抗するためには、統合的なインクルーシブ教育において、マジョリティを含むすべての子どもに対して、多様性尊重の考え方を教えることが必要である。

分離的なアプローチは、差別や暴力から性的マイノリティを守り、安全な学習空間を保障する一方で、性的マジョリティや差別を支える社会はそのまま放置されることになる。分離的なアプローチが求められる場面も実際には必要になると考えられるが、統合的アプローチによって、学校空間に存在するジェンダー規範や同性愛嫌悪そのものに働きかけるような方策が本来的には必要であると言える。

第7章　性の多様性とカリキュラム

この章では、性の多様性を前提としたカリキュラムのあり方について考察していく。ここでいう性の多様性を前提としたカリキュラムとは、従前の固定的なジェンダー観や異性愛主義に基づかないカリキュラムのことである。先行研究は、日本の学校で採用されている教科書や文部科学省が作成している学習指導要領が異性愛を前提としたものであることを指摘してきた［渡辺、二〇〇六：小宮、二〇〇八など］。そのような先行研究がしばしば問題にしてきたことが、「教育の中立性」である。例えば、「現在の日本の学校教育は、「シスジェンダーおよび異性愛」教育に偏っており、「教育の中立性」が確保されていない」といった指摘である［渡辺、二〇一六、六〇頁］。現行の学習指導要領をはじめ、これまでの日本の学校教育が、固定的なジェンダー規範や異性愛規範に偏ってきたことは確かな事実である。しかし、ここで指摘される「教育における中立性」とは、どのような立場、どのようなものであり得るであろうか。そもそも「教育における中立」な立場は、成立し得るであろうか。まずは、「学校カリキュラムと中立性」についての議論から本章を始める。

1　カリキュラムと中立性

中立性とは、あらゆる階層に対して中立であるとか、政治的な偏りがないなど、特定の集団や特定の立場および価値に偏らない立場とひとまずは定義しておく。その上で、どのようなカリキュラムが中立的なカリキュラムであると言えるのだろうか。私は「教育における中立性」は、そう単純に確保し得るものではないと考えている。現実には、社会生活上あらゆるものが政治的な文脈の中に置かれると考えるからである。そうした中で、社会の価値観や個々人の置かれた政治的立場と切り離して、学校のみが、あるいは教員だけが中立的な立場をとることが可能なのであろうかという疑問がある。学校教育における中立性について考えるにあたって、まずはマイケル・アップルの考え方を手がかりに考えていく。

批判教育学者のマイケル・アップル（Michael Apple）は、『学校幻想とカリキュラム』の中で、

「中立性と正義」について次のように述べている。「社会生活における〈正義〉への配慮はますます非政治化され、中立的な経験的事実の集積によって解決し得る中立的なパズルとされてしまっている」［Apple, 1979=1986：14-15］。学校は社会生活上のさまざまな価値、その中の一部としての〈正義〉を子どもたちに教える。教育者によって教えられるそれらの〈正義〉は、あたかも政治とは無関係であり、中立性を担保したものであるかのように見えるが、アップルは、教育者が中立的な立場を取り得ると考えることの問題性について次のように指摘する。

われわれ〔教育者〕は、自分たちの活動は中立的であり、政治的な立場をとらないことによって客観的たり得る、と思いこんでいる。しかし、こうした考え方は二つの点で重大な誤りをおかしている。第一に、経済面にもたらすものからすれば、学校制度は決して中立的事業ではない。この点を実証する資料はますますふえている。学校は実際に多くの個人の利益に貢献し得るし、そのことは否定されるべきではない。（中略）学校は同時に、今日の階層化された社会における階級関係の経済的・文化的再生産の強力な担い手として機能している。（中略）中立性の要求は、現在、学校にとりいれられている知識が、それよりははるかに広範な社会的知識・原理の中から選別されたものである、という点を無視している。（中略）したがって、問題は、いかにして先の知識の選別を〔中立的に〕超越し得るのかという点にはなく、むしろ個々の教育者が最終的にいかなる価値を選ぶかという点にある。〔Apple, 1979=1986 : 15-16〕

アップルは、二つの理由から教育者が中立的な立場をとり得ないと指摘する。第一に、学校制度は経済的な面において、多くの個人の利益に貢献し得る事業であること。第二に、学校で教えられる知識は、広範な社会的知識・原理の中から選別されたものであるということである。資本主義社会において、学校はすでに、個人の利益に貢献し得る社会システムの一部であり、アップルが言うように、学校は、「今日の階層化された社会における階級関係の経済的・文化的再生産の強力な担い手として機能している」〔Apple, 1979=1986 : 15〕。また、その学校制度の中で教えられる、広範な社会的知識の中から選別された知識は、社会の中の（多数派の）世界観や信念、価値観をつねにすでに反映している。したがって、学校制度の中では、中立性を追求するという不可能な営みは重要ではなく、むしろ、教育者が最終的にいかなる価値を選ぶかということが問題である。

また、教育と中立性に関するアップルの考え方を要約すれば、教育における政治的中立な立場など「幻想にすぎない」ということになるだろう。自らの置かれた立場や政治性に無自覚な「客観主義」が内包する危険性については、フェミニズム研究およびゲイ・レズビアンスタディーズにおいても指摘されてきたことである。例えば、女性史家のジョーン・スコット（John Wallach Scott）は、女性史は偏っているという男性研究者からの批判に対して、「女性史は偏っている」と認め、次のように言った。

このように認めることは、女性史の敗北を認めることではない。むしろ公正で客観的な歴史は、これまでも可能ではなかったし、これからも可能ではない、と宣言するためなのである。［Scott, 1988=1992］

スコットはこのように、客観性や中立性の神話を掘り崩したが、こうした理論はゲイ・スタディーズにも受け継がれてきた。例えば、河口和也は「同性愛者の「語り」の政治」という論考の中で、同性愛者のライフストーリー研究を例に、研究者による自らの置かれた特権的な立場や権力関係を無視した「客観主義」が、調査対象者に対して暴力としてふるまう仕組みを明らかにした［河口、一九九八、一四六―一六〇頁］。これらの議論と同じように、教育者が中立的な立場をとり得ると考えることは、教育者が置かれた政治的な立場、教育者および学校が所有する権力を無視したまま権力を行使することに等しく、暴力として機能してしまう可能性がある。したがって、教育者および学校が暴力に加担しないためには、自らの置かれた立場、政治性、権力性に自覚的でなければならず、カリキュラムを編成するにあたっては、どのような立場で、何を選択し、何が欠落しているのかという点について意識的でなければならない。

性の多様性を前提としたカリキュラムを考える上でも、このような考え方は重要であると思われる。すなわち、ジェンダー規範や異性愛規範に偏らないことは、重要な問題でありつつも、そこで追求すべきは、「中立性の確保」などではない。そうではなく、「ジェンダー規範や異性愛規範にとらわれない教育」、より積極的な言い方をすれば、「ジェンダー規範や異性愛規範を問題化し、問い直す教育」を追求することが重要である。固定的なジェンダー規範や異性愛規範に価値を認め、子どもたちにそれらを学ばせることが教育者による選択であるならば、固定的なジェンダー規範や異性愛規範から自由になることを学ばせることも、教育者による選択の一つなのである。これらの「選択」は、単純に「中立性」という言葉で片付けられるものではないだろう。自らの政治性や差別性に無自覚なまま行使される「中立性の確保」といった幻想は、また別の人々に対する暴力として機能してしまう可能性もある。その意味で、中立性を追求することよりも、自らの政治性を自覚することの方がより重要であり、むしろ、積極的に新しい価値観を選択する、あるいは選択し続けることの方がより重要であると考える。

教育カリキュラムの編成にあたって、「中立性」が幻想であるとするならば、誰のために、何を選択するのかが議論すべき問題となるであろう。ここで、本書の主題である「多様な性の視点でつくる学校教育」と「性の多様性を前提としたカリキュラム」が誰に向けられた、誰のためのカリキュラムなのかを明らかにしておきたい。性の多様性を前提としたカリキュラムというと、このような教育カリキュラムは、「性的少数者のため」のものであると思われるかもしれない。教育における中立性の確保が幻想であるという議論をふまえてもなお、性的少数者に有利な教育カリキュラムを編成することが、性的マジョリティの権利を侵害することになるのではないかと考える者もいるだろう。しかし、性の多様性を前提としたカリキュラムを編成することは、性的マイノリティのみならず、性的マジョリティの利益にも貢献するものであると私は考える。本書が目指す多様な性の視点でつくる教育も、決して性的マイノリティにだけに向けられたものではない。多様な性の視点でつくる教育がマジョリティにこそ必要であることを説明するために、ブラジルの教育学者であるパウロ・フレイレ（Paulo Freire）の言葉を引用したい。フレイレは、『被抑圧者の教育学』の中で次のように書いている。

被抑圧者が自らの人間性を取り戻すための闘いは、同時に新しいものを創造するということでもあるのだが、このプロセスにおいて被抑圧者が観念の上でも現実の場でも、自らが抑圧する側のまねをするのではなく、抑圧者、被抑圧者、双方の人間性を回復しようとするとき、その闘いは意味をもつ。これこそが被抑圧者の大きな役割であり、抑圧者の歴史の課題である。つまり、自らの解放のみでなく、抑圧する者も共に解放する、ということだ。［Freire, 1970=2011 : 23］

フレイレの言葉は、彼の生まれ育ったブラジルにおける植民者（抑圧者）と被植民者（被抑圧者）との関係についての考察が基になっていると思われるが、性の多様性をめぐる抑圧者（性的マジョリティ）と被抑圧者（性的マイノリティ）の関係を考える上でも有益であろう。差別の構造を考える上で、フレイレの指摘は重要な意味を持つと考えられる。すなわち、フレイレが「自らが抑圧する側のまねをするのではなく」と言ったように、「自分さえよければいい」というアプローチに陥らないことが大切である。より重要なことは、抑圧／差別との闘いにおいて、抑圧―被抑圧、差別―被差別の構造そのものを無効にすることである。したがって、被抑圧者の解放は、差別構造そのものからの解放であり、被抑圧者と共に抑圧者をも解放することである。性の多様性の問題を考えるときも、差別される者の解放と同様に重要なことは、何人にも差別をさせないこと、差別をする側に立たせないことである。

さらに、性の多様性について知ることは、自らの性が多様であることを知ることであって、単に性的マイノリティについて知ることではない。「性の多様性」について知るとはどういうことかについては、次章（第８章）で詳述するが、性的マジョリティとされる人々の内部にも多様性が認められる。したがって、「性」という現象の多様性を知ることは、自分自身の性の多様性について知ることでもあり、そのことは、結果として性的マジョリティ／性的マイノリティという単純化された二分法を打ち砕くことにもつながる。性の多様性について知ることで、私たちは、固定したジェンダー規範や異性愛規範から解放されることができる。フレイレが言ったように、正に、被抑圧者の解放は、抑圧者の解放でもあるのである。

差別や偏見に抗う教育の潮流の一つに、批判教育学がある。批判教育は概ね次のようなものである。

あたかも論理必然的で自明なもの、政治的には中立で動かし難いものとして絶対視されている公教育の既成の現実に根源的な問いを投げかけ、高度資本主義下の教育がはたしている支配と抑圧の機能を暴き出すとともに、たんなるネガティヴな現実分析にとどまることなく、オルタナティヴの提示、実践的な関与と介入、「参加する民主主義」の復権と多文化主義の発展という対抗的な「運動」の次元を重要視するアメリカ合衆国における教育学の理論潮流。［hooks, 1994=2006：17（訳注）］

批判教育学の基礎を築いたのがパウロ・フレイレであると言われているが、そのフレイレから影響を受けたのが、ブラック・フェミニズムで有名なベル・フックス（bell hooks）である。フックスは、人種、階級、ジェンダーの相互関連性に着目し、黒人コミュニティの内部の女性差別の問題に取り組んできた研究者の一人である。フックスは、『Teaching to Transgress』という著作の中で、自身が、人種統合政策後に通うことになった白人学校での体験に基づき、次のように記している。

わたしたちは主として白人の教師たちに教わったが、この連中の授業は、人種差別的な固定観念を強化する以外の何ものでもなかった。黒人の子どもにとって、教育はもはや自由の実践とは無縁のものであった。わたしはこのことを悟り、わたしは学校に対する愛着を失った。教室は、もはや知的な喜びや精神の高揚の場ではなかった。それでも学校は、なお政治的場ではありつづけた。黒人は遺伝的に白人よりも劣っているとか、白人に比べて出来が悪いとか、そもそも学ぶ能力がないのではないかといった白人たちの人種差別主義的な決めつけに、四六時中、対抗していかなければならなかったからだ。［hooks, 1994=2006 : 5-6］

公立学校における法律上の人種隔離を違憲であるとした一九五四年のブラウン判決[★1]以降、人種統合政策が推し進められ白人と黒人は同一空間で学ぶようになった。人種差別の撤廃措置によって分離主義的な教育の是正が推し進められたが、学校教育そのものは依然として、人種差別的な「白人たちの学校」であった。白人を至上のものとする人種差別主義が温存する学校空間とそこで使われるカリキュラム、それらに従ってなされる授業・指導の中で人種差別が強化され、学びの意欲を奪われた黒人の子どもは学校への愛着を喪失した。そして、四六時中、学校空間に飛び交う差別に対抗しなくてはならなかった。これは人種差別主義的な学校空間、学校カリキュラムのもとでなされる教育の中で黒人の子どもがおかれる立場を描写したものであるが、これはヘテロセクシズム的な学校空間、学校カリキュラムのもとでなされる教育の中で、非異性愛の子どもが置かれる状況と多くの部分を共有している。子どもに夢や希望を持つことの大切さを説く教員の言葉の多くは、善意に基づいた言葉であるだろう。しかし、学校で子どもたちに示されるロールモデルは、結婚をして子どもつくり、父や母になるという異性愛を前

★１　一九五四年の米国最高裁によるブラウン判決は、公教育においては「分離すれども平等」論の存在する余地はないことを宣言した。これによって、それまで公立学校に適応されていたプレッシー判決が破棄された［Rodrigues, 1997=2002 : 47］。

提としたものばかりであり、性的マイノリティの子どもにとってのロールモデルはほとんど示されない。学校空間に存在するヘテロセクシズムに無自覚な、差別や偏見を温存したままの学校でなされるいかなる教育実践も、性的マイノリティ当事者の子どもにとっては、何の魅力もないばかりか、差別を強化するそれらの実践に対して怒りを覚えるのは当然のことだろう。人種差別にせよ、ヘテロセクシズムにせよ、学校空間に存在する差別や偏見そのものを解体しなければ、被差別当事者の子どもの学びを保障することはできないのである。当事者に対する個別的な支援がいくらなされようとも、マジョリティを射程に含めた（むしろマジョリティに焦点化した）教育と支援がなされなければ、学校空間に存在する差別や偏見は手つかずのまま存続してしまい、そうした体制が続くことによってむしろ、差別の構造が強化される恐れさえある。

2　学習指導要領と性の多様性

（1）性の多様性の観点から見た学習指導要領の問題点

日本の学校で採用されている教科書における異性愛主義や隠れたカリキュラムについてはすでに述べてきたが、そうした学校の異性愛主義を支えている要因の一つとして学習指導要領を挙げることができる。そこで、日本の学校教育の内容の基になっている学習指導要領の記述について多様な性の視点から具体的にどこが問題なのかを見ていくことにする。

ここでは二〇〇八年に告示された『小学校学習指導要領』と『中学校学習指導要領』、および二〇〇九年に告示された『高等学校学習指導要領』の記述内容について取り上げる。まず、性に関する内容は、小学校・中学校・高等学校のいずれの校種においても、体育の保健分野では必ず言及されている。資料７―１は、小学校学習指導要領の第９節体育の中の第３学年及び第４学年の保健分野の記述の一部である。ここには、小学校三・四年生の保健で教えるべき内

資料７―１　小学校学習指導要領（体育）

第９節　体育　第３学年及び第４学年
２　内容 Ｇ　保健 （２）体の発育・発達について理解できるようにする。 イ　体は、思春期になると次第に大人の体に近づき、体つきが変わったり、初経、精通などが起こったりすること。また、異性への関心が芽生えること。
３　内容の取り扱い （５）内容の「Ｇ保健」の（２）については、自分と他の人では発育・発達などに違いがあることに気づき、それらを肯定的に受け止めることが大切であることについても触れるものとする。

容として、思春期の発達にともなう身体的な変化と共に、「異性へ関心が芽生えること」と記されており、同性への関心が芽生えるモデルや性的な関心をそもそも持たない無性愛のモデルは想定されていない〔文部科学省、二〇〇八a、九六頁〕。

また資料7―2は、中学校学習指導要領の第7節保健体育の中の保健分野の記述の一部である。ここでは、「3　内容の取り扱い」部分に、「身体の機能の成熟とともに、性衝動が生じたり、異性への関心が高まったりすることなどから、異性の尊重、情報への適切な対処や行動の選択が必要となることについても取り扱うものとする」とある〔文部科学省、二〇〇八b、九六頁〕。性衝動や関心が異性へ向かうことが前提とされた記述になっているが、性的衝動をコントロールし適切な対処が求められるというのは、性衝動や関心が同性に向かう場合であっても同様に求められることであって、「異性」と限定する必要はないと言える。

小学校体育の保健分野と中学校保健体育の学習指導要領に共通していることは、想定する子どもの発達のモデルとして、「異性への関心の芽生え」が前提となっていることである。小学校学習指導要領の「3　内容の取り扱い」には、「自分と他の人では発育・発達などに違いがあることに気づき、それらを肯定的に受け止めることが大切であることについても触れるものとする」とあり、発達には個人差があることを認め、それを肯定的に受け止める必要性についても触れているが、同性愛や両性愛などの異性愛以外のモデルは明記されていない〔文部科学省、二〇〇八a、九七頁」。そのため、ここに記された「個人差」は、単に異性への関心が芽生える時期や程度に関するものであり、同性に性的関心が芽生えることや両性に性的関心が芽生えることを肯定する内容ではないと読めてしまう。

資料7―2　中学校学習指導要領（保健体育）

第7節　保健体育　保健分野

2　内容

（1）心身の機能の発達と心の健康について理解できるようにする。

イ　思春期には、内分泌の働きによって生殖にかかわる機能が成熟すること。また、成熟に伴う変化に対応した適切な行動が必要となること。

3　内容の取り扱い

（3）内容の（1）のイについては、妊娠や出産が可能となるような成熟が始まるという観点から、受精・妊娠までを取り扱うものとし、妊娠の経過は取り扱わないものとする。また、身体の機能の成熟とともに、性衝動が生じたり、異性への関心が高まったりすることなどから、異性の尊重、情報への適切な対処や行動の選択が必要となることについて取り扱うものとする。

資料7―3は、高等学校学習指導要領の第6節保健体育の記述の一部である。高等学校の保健体育の記述には、取り扱うべき内容として、「結婚生活と健康」や「生殖に関する機能」などが登場してくる。これらの記述には、異性愛に基づいた結婚というモデルが明確に示されている。さらに、結婚は「生涯を通じる健康」と結びつけられていることから、結婚をしない選択や子どもをつくらないという選択は不健全あるいは望ましくないモデルとして描かれている［文部科学省、二〇〇九、九六頁］。

資料7—3　高等学校学習指導要領（保健体育）

第6節　保健体育　第2　保健

2　内容

（2）生涯を通じる健康

ア　生涯の各段階における健康

生涯にわたって健康を保持増進するには、生涯の各段階の健康課題に応じた自己の健康管理及び環境づくりがかかわっていること。

3　内容の取り扱い

（6）内容（2）のアについては、思春期と健康、結婚生活と健康及び加齢と健康を取り扱うものとする。また、生殖に関する機能については、必要に応じて関連づけて扱う程度とする。責任感を涵養することや異性を尊重する態度が必要であること、及び性に関する情報等への適切な対処についても扱うよう配慮するものとする。

一方、中学校学習指導要領の道徳に関する記述にも、異性愛規範が登場する。資料7—4は、中学校学習指導要領の第3章道徳の記述を抜粋したものである。道徳は、教えるべき価値項目の中に、「自他の尊重」や「個性の尊重」「正義や平等」などがあり、性の多様性や性的マイノリティの人権を現行の指導要領の中で教えるための法的な根拠として使うことが可能である。★2 しかし、指導要領の中には、「性の多様性」や「性的マイノリティ」に関する記述は登場してこない。一方で、「主として他の人とのかかわりに関すること」の中には「男女は、互いに異性についての正しい理解を深め、相手の人格を尊重する」とある〔文部科学省、二〇〇八b、一一二頁〕。男女間の平等や互いの尊重について扱うことは、意義のあることと思われる。しかし、この部分について、『中学校学習指導要領解説道徳編』では、「指導に当たっては、異性に対する関心が高まることは、自然な成長の流れであることをふまえつつ、真剣に異性のもつ見

★2　性の多様性をテーマに、筆者が公立学校で行なった実践および福岡県近郊の学校で観察した授業も道徳の時間を使ったものが多かった。詳細は、第8章「性の多様性をどう教えるか」で述べる。

方や考え方を知るように心掛けることが必要」であると解説されており、その前提に異性愛のモデルがあることがわかる〔文部科学省、二〇〇八c、四八頁〕。このように、道徳においても異性愛規範を前提とした記述がなされ、性の多様性理解については触れられていない。

資料7―4　中学校学習指導要領（道徳）

> 第3章　道徳
> 第2　内容
> 2　主として他の人とのかかわりに関すること。
> (4) 男女は、互いに異性についての正しい理解を深め、相手の人格を尊重する。
> (5) それぞれの個性や立場を尊重し、いろいろなものの見方や考え方があることを理解して、寛容の心をもち謙虚に他に学ぶ。
> 4　主として集団や社会とのかかわりに関すること。
> (3) 正義を重んじ、誰に対しても公正、公平にし、差別や偏見のない社会の実現に努める

高等学校学習指導要領では、家庭科に関する記述の中にも異性愛規範が登場する。資料7―5は、高等学校学習指導要領の第9節家庭の記述の一部である。ここには、「男女が協力して、家族の一員としての役割を果たし家庭を築くことの重要性について考えさせる」という記述が

あり、異性愛に基づいた男女のカップルのみが健全な家族像として描かれていることがわかる〔文部科学省、二〇〇九、一一七頁〕。一方、男性同士や女性同士のカップルや母子家庭／父子家庭[★3]など多様な家族形態についての記述は一切登場してこない。そして、やはり結婚は生殖と結びつ

資料7―5　高等学校学習指導要領（家庭）

第9節　家庭
第1　家庭基礎
2　内容
（1）人の一生と家族・家庭及び福祉
ア　青年期の自立と家族・家庭
生涯発達の視点で青年期の課題を理解させ、男女が協力して、家族の一員としての役割を果たし家庭を築くことの重要性について考えさせるとともに、家庭や地域の生活を創造するために自己の意志決定に基づき、責任をもって行動することが重要であることを認識させる。

★3　二〇一〇年の国勢調査によると、全国の父子・母子世帯数は八四万四六六一世帯であり、決して少なくない。

けられており、子どもをつくらない選択肢や養子をとるなどの生殖に拠らない子育てについては触れられていない。

なお、小学校学習指導要領「家庭」や中学校学習指導要領「技術家庭」にも「家族」という言葉は登場するが、高等学校学習指導要領「家庭」に見られるような「男女の協力」といった記述は見られない。

（2）ジェンダー規範と異性愛規範の登場

これまで見てきたように、二〇〇八年に告示された『小学校学習指導要領』および『中学校学習指導要領』、二〇〇九年に告示された『高等学校学習指導要領』には、明確な異性愛規範が認められる。では、学習指導要領の記述内容は、昔から現在のように異性愛規範的な内容だったのであろうか。学習指導要領は、一九四七年の『学習指導要領一般編（試案）』から始まり、社会的情勢や学校教育に対する社会的要請に応えるように、おおよそ一〇年ごとに改訂が行なわれてきた。ここで、過去の学習指導要領の記述にさかのぼり、現在のような異性愛規範的な記述がいつどのようにしてできたのかを確認することにする。
資料7―6は、一九四七年に最初につくられた『学習指導要領一般編（試案）』の一部である。ここには、「男子では冒険小説、少年小説を読むが、伝記、講談、ユーモア小説などをも読む。

資料7—6　『学習指導要領一般編（試案）』（一九四七年）

第2章　児童の生活

2　年齢による児童生徒の発達

（4）第7、8、9学年生徒　12—15歳

2. 精神的

（1）男子は大体14—15歳で、女子は大体13歳—14歳で青年期の特徴があらわれ、論理的抽象的な思考が発達する。

（2）自我意識がはっきりして来る。反抗的傾向が出て来る。

（3）情緒があらわれやすくなり、激しくなる。

（4）相互援助の関係で友達ができる。

（5）交友関係は深くなり、親友ができるようになる。

（6）性意識がだんだん目覚めて来る。

（7）興味を持つおもな遊び、

（男）野球。すもう。スキー。水泳。映画。ラジオ

（女）ピンポン。水泳。映画。ラジオ。お話会など。

（8）男子では冒険小説、少年小説を読むが、伝記、講談、ユーモア小説などをも読む。女子では少女小説が多く読まれる。

（9）勤労としては、女子は炊事のほか家業の手伝いが著しく、男子は家業の手伝いが著しい。

女子では少女小説が多く読まれる」「女子は炊事のほか家業の手伝いが著しく、男子は家業の手伝いが著しい」といった、固定的な男子像と固定的な女子像がはっきりと明記されている。現在の学習指導要領では、このような男子と女子の差を明記した記述はなく、男子であろうと女子であろうと同じ教科・科目を学ぶことになっている。このことから、当時の学習指導要領では、現在よりもジェンダー規範が重視されていたことがうかがえる〔文部省、一九四七〕。

ところが、現在の学習指導要領に見られるような「思春期になると異性への関心が芽生える」といった「異性愛」に限定した性的関心を表現する言葉は、このころの学習指導要領には見られない。性的関心に関する記述としては、「第2章　児童の生活」の「2　年齢による児童生徒の発達」の中の「(4)　第7、8、9学年生徒、12―15歳」において、「性意識がだんだん目覚めて来る」と記載されているのみである。しかし、資料7―6〔一七七頁〕の記述内容では、男女の発達モデルは明確に区別するものとなっている。したがって、異性愛の明記がないのは、異性愛以外が想定されていたからではなく、むしろ異性愛が自明とされていたからであると考えられる。学習指導要領改訂の歴史上、「異性愛」に限定するような記述が初めて登場するのは、一九八九年に出された『小学校学習指導要領』である。資料7―7は、その記述箇所を抜粋したものである。

ここでは、「第5学年及び第6学年」の「2　内容」の「G　保健」の(1)のイにおいて、「心

資料７―７　『小学校学習指導要領』（一九八九年）

第９節　体育

〔第５学年及び第６学年〕

２　内容

Ｇ　保健

（１）体の発育と心の発達について理解できるようにする。

ア　体は、年齢に伴って変化すること。また、思春期になると、体つきが変わり、初経、精通などが起こって次第に大人の体に近づくこと。

イ　心は、いろいろな生活経験を通して、年齢とともに発達すること。また、思春期になると異性への関心が芽生えること。

は、いろいろな生活経験を通して、年齢とともに発達すること。また、思春期になると異性への関心が芽生えること」とある〔文部省、一九八九〕。このような記述は、一九八九年版より前の『小学校学習指導要領』には存在しないことから、ここで、学習指導要領の歴史上初めて「異性愛」が登場したことになる。学習指導要領への異性愛の明記が一九八九年に始まった理由について、ここで断定的なことは言えないが、いくつかの推測はできる。社会的には、一九六〇年代後半に女性解放運動（第二波フェミニズム）が台頭して以降、一九七〇年代にはジェンダー研究およびフェミニズム論が盛んになった。その結果、八〇年代以降には、ジェンダーという視点が政策や教育の場でも重要なテーマになってきていた。[★4] また、一九八〇年代後半は、HIV／AIDSが日本でも流行し始めた時期でもあった。一九八五年三月には厚生省が、一人の男性同性愛者を日本人のエイズ第一号患者として発表したことにより、HIV／AIDSとともに同性愛が顕在化することになった。[★5] その後、一九八六年には同性愛者の運動団体「動くゲイとレズビアンの会」が結成され、一九八〇年代後半には性教育を研究してきた全国組織である〝人間と性〟教育研究協議会が、主要な研究テーマに「同性愛」や「性の多様性」を位置づけるようになった。このように、一九八九年版学習指導要領への異性愛の明記の背景には、①一九八〇年代後半には、ジェンダーという視点の導入によって、それまで自明視されてきた性差が学校教育においても重要なテーマであると考えられるようになったこと。さらに、②それまで不可視化されていた性的マイノリティの存在が、エイズの出現や草の根的な当事者運動によって社会的に認知されてきたことなどがあると考えられる。

また、二〇〇八年の『小学校学習指導要領』において異性愛に関する記述があるのは、小学校三・四学年の体育の保健分野である。一方、一九八九年の『小学校学習指導要領』において「異性愛」に関する記述があるのは、小学校五・六学年の体育の保健分野である。「異性愛」に関する記述が小学校三・四学年の体育へと移行するのは、一九九八年版の『小学校学習指導要領』になってからである（資料7―8）〔文部省、一九九八〕。この記述が二〇〇八年版『小学校学

資料7―8　『小学校学習指導要領』（一九九八年）

第９節　体育

〔第３学年及び第４学年〕

２　内容

Ｆ　保健

（２）体の発育・発達について理解できるようにする。

ア　体は、年齢に伴って変化すること。また、体をよりよく発育・発達させるためには、調和のとれた食事、適切な運動、休養及び睡眠が必要であること。

イ　体は、思春期になると次第に大人の体に近づき、体つきが変わったり、初経、精通などが起こったりすること。また、異性への関心が芽生えること。

★４　一九七〇年代から一九八〇年代にかけて、「女子教育」がいかにして始まったのかについて福岡県の高等学校教員であった柳淑子は、『いきいきと生き抜くために――自立を目指す女子教育――』にまとめている［柳、一九八二］。

★５　日本におけるＨＩＶ／ＡＩＤＳの言説と男性同性愛者の主体形成について、詳しくは、［新ケ江、二〇一三］を参照。

習指導要領』へと受け継がれて、今の形ができあがったと考えられる。

これまで見てきたように、二〇〇八年版の学習指導要領に見られる「異性愛規範」が登場したのは、今から約三〇年前の一九八九年版の『小学校学習指導要領』になってからのことであった。したがって、日本の学習指導要領は、最初から異性愛規範を明記していたわけではなく、日本の学習指導要領の変遷上、「異性愛」概念が登場するのは、平成の時代に入ってからであることがわかった。また、一九八九年版の小学校学習指導要領において、小学校五・六学年の体育に明記されていた異性愛に関する記述は、一九九八年版の小学校学習指導要領のとき、小学校三・四学年の体育の保健分野へと移動し、現在の形ができあがったということがわかった。学習指導要領の記述に限定した場合、異性愛規範の登場は、比較的新しいものであったと言うことができる。

3　性の多様性を前提とした学習指導要領の提案

これまでに見てきた学習指導要領の問題点を踏まえて、具体的な修正案を考えてみたい。修正案を考えるにあたって、基本的な考え方として次の三点に留意したい。

①異性愛だけではなく、同性愛、両性愛、無性愛などの多様なセクシュアリティの存在を前提とした記述に変更する。
②異性愛と非異性愛を対立項としてとらえるのではなく、共存するものとして扱う。
③多様な家族のあり方を肯定する家族モデルを提示する。

最も基本的な考え方は、異性愛のみを前提とする考え方を棄却し、それに代わる様々なセクシュアリティの存在を前提とした記述内容に変更することである。しかし、性の多様性を前提とすることは、異性愛を否定することではないということを強調したい。性の多様性を前提とすることは、異性愛を多様なセクシュアリティの一つとする考え方である。これによって、異性愛／非異性愛を対立項ととらえるのではなく、共存可能なものとしてとらえることが理論的に可能となる。また、これまでの学習指導要領では、異性間の結婚に基づいて築かれる夫婦を軸にした家庭や家族がモデルとして描かれてきたが、実際には同性同士のカップルの家庭やシングルの家庭や母子家庭および父子家庭など様々な家族形態が存在している。どのような家族形態であっても、存在を否定されることのないように、「多様な家族形態」を肯定する記述が必要であると考える。

ここからは、前節で示した問題箇所を例に、具体的な修正案を提示していく。なお、表中の傍線部分はすべて私によるものである。例えば、小学校学習指導要領体育の保健分野は、資料7—9のように書き換えることができる。

資料7—9　小学校学習指導要領（体育）改訂案（もとの文章は資料7—1（一六九頁）を参照）

第9節　体育　第3学年及び第4学年

2　内容

G　保健

（2）体の発育・発達について理解できるようにする。

イ　体は、思春期になると次第に大人の体に近づき、体つきが変わったり、初経、精通などが起こったりすること。また、性的な関心が芽生えることがあること。

3　内容の取り扱い

（5）内容の「G保健」の（2）については、自分と他の人では発育・発達などに違いがあることに気づき、それらを肯定的に受け止めることが大切であることについても触れるものとする。性的な関心は、異性に向くことが多いが、同性に向いたり、両性に向かったりすることもある。また、必ずしもすべての人が性的な関心を抱くとは限らないことについても触れるようにする。

資料７―９の改訂案では、現行の学習指導要領において「異性への関心が芽生える」となっている部分を「性的な関心が芽生えることがある」と変更した。「異性への関心」を「性的な関心」に変更することで、異性愛を前提とすることを覆すことができる。さらに、「関心が芽生える」という断定から、「関心が芽生えることがある」という可能性を示唆する書き方に変更した。これによって、性的関心を持たない成長モデル、いわゆる「無性愛」についても肯定的に教えることが可能となる。また、「３　内容の取り扱い」に、これまで「個人差」としてまとめられていた事柄を「同性に向いたり、両性に向いたりすることもある」や「すべての人が性的関心を抱くとは限らない」と明記したことにより、同性愛や両性愛、無性愛に配慮した指導が促されることになる。

中学校学習指導要領の保健分野については、「３　内容の取り扱い」を次のように変更することができる（資料７―10）。

現行の学習指導要領では、「異性への関心が高まったりすることなどから、異性の尊重、情報への適切な対処や行動の選択が必要となることについて取り扱う」となっている部分を、「性的な関心が高まったりすることなどから、相手の尊重、情報への適切な対処や行動の選択が必要となることについて取り扱う」と変更した。ここでは、異性愛を前提とした「異性への関心」を「性的な関心」とすることで、異性愛を前提とすることを覆し、同性あるいは両性に性的関

資料7―10　中学校学習指導要領（保健体育）改訂案（もとの文章は資料7―2（一七一頁）を参照）

第7節　保健体育　保健分野

2　内容

（1）心身の機能の発達と心の健康について理解できるようにする。

イ　思春期には、内分泌の働きによって生殖にかかわる機能が成熟すること。また、成熟に伴う変化に対応した適切な行動が必要となること。

3　内容の取り扱い

（3）内容の（1）のイについては、妊娠や出産が可能となるような成熟が始まるという観点から、受精・妊娠までを取り扱うものとし、妊娠の経過は取り扱わないものとする。また、身体の機能の成熟とともに、性衝動が生じたり、性的な関心が高まったりすることなどから、相手の尊重、情報への適切な対処や行動の選択が必要となることについて取り扱うものとする。

心を抱いた場合にも、相手を尊重することが大切になることを教えられるようにした。同様に、「異性の尊重」は「相手の尊重」と変更することで異性愛に限定しない書き方にすることができる。ここで大切なのは、自己の性的関心を自分でコントロールし、相手を尊重したコミュニケーションがとれるようになるよう指導することである。

高等学校学習指導要領の保健分野では、「3　内容の取り扱い」において、現行では「異性を尊重する態度」と記述されている部分を「パートナーを尊重する態度」へ変更した（資料7―11）。これによって異性愛カップルだけではなく、同性愛カップルも想定することが可能となる。

資料7―11　高等学校学習指導要領（保健体育）改訂案（もとの文章は資料7―3（一七二頁）を参照）

第6節　保健体育　第2　保健

2　内容

（2）生涯を通じる健康

ア　生涯の各段階における健康

生涯にわたって健康を保持増進するには、生涯の各段階の健康課題に応じた自己の健康管理及び環境づくりがかかわっていること。

3　内容の取り扱い

（6）内容（2）のアについては、思春期と健康、結婚生活と健康及び加齢と健康を取り扱うものとする。また、生殖に関する機能については、必要に応じて関連づけて扱う程度とする。責任感を涵養することやパートナーを尊重する態度が必要であること、及び性に関する情報等への適切な対処についても扱うよう配慮するものとする。

異性愛規範が前提で、性の多様性理解に関する内容が一切含まれていなかった中学校学習指導要領「道徳」については、「2　主として他の人とのかかわりに関すること」の中に、新たに「(7)性の多様性について理解を深め、自他の性的指向や性自認を尊重する。」という項目を追加した(資料7—12)。これによって、道徳の中で性の多様性理解について積極的に指導することが可能となる。

資料7—12　中学校学習指導要領(道徳)改訂案(もとの文章は資料7—4(一七四頁)を参照)

第3章　道徳

第2　内容

2　主として他の人とのかかわりに関すること。

(4)男女は、互いに異性についての正しい理解を深め、相手の人格を尊重する。

(5)それぞれの個性や立場を尊重し、いろいろなものの見方や考え方があることを理解して、寛容の心をもち謙虚に他に学ぶ。

(6)多くの人々の善意や支えにより、日々の生活や現在の自分があることに感謝し、それにこたえる。

(7)性の多様性について理解を深め、自他の性的指向や性自認を尊重する。

異性愛に基づいた男女のカップルがモデルとされている現行の高等学校学習指導要領「家庭」については、「男女が協力して」の記述を「パートナーが協力して」と変更することによって、同性同士のカップルも想定することが可能となる（資料7―13）。

資料7―13　高等学校学習指導要領（家庭）改訂案（もとの文章は資料7―5（一七五頁）を参照）

> 第9節　家庭
> 第1　家庭基礎
> 2　内容
> （1）人の一生と家族・家庭及び福祉
> ア　青年期の自立と家族・家庭
> 生涯発達の視点で青年期の課題を理解させ、パートナーが協力して、家族の一員としての役割を果たし家庭を築くことの重要性について考えさせるとともに、家庭や地域の生活を創造するために自己の意志決定に基づき、責任をもって行動することが重要であることを認識させる。

ここまで、性の多様性を前提としたカリキュラムについて検討し、学習指導要領に対する具体的な修正案を考えてきた。学習指導要領が性の多様性を前提とした記述に変わると、学校教育は次のように変わる可能性がある。①教科書が性の多様性を前提とした内容に変わる。②授業で性の多様性を積極的に教えられるようになる。③性的マイノリティ当事者の子どもの自尊心が高められる。④すべての子どもが性の多様性について学ぶことで、性的マイノリティへの差別事象が軽減する。⑤教員が性の多様性について学ぶようになる。⑥保護者、地域への啓発や理解が進む。

これまでは、学習指導要領に性の多様性に関する記述がないために、日本の学校では、性の多様性を否定したり、無視したりする指導が行なわれてきた。そうした中で、現実に存在する性的マイノリティの子どもたちは、自己を否定したり、いじめの対象とされたりしてきた。また、学校教育は、そうした現実に一切介入することなく、教員も注意を払ってこなかった。しかし、学校の教育内容を法的に規定する学習指導要領の記述が性の多様性を前提としたものに変わることで、これらの現状を変えることが可能になるのではないだろうか。

第8章　性の多様性をどう教えるのか

前章では、多様な性の視点から見たカリキュラムのあり方について考察し、学習指導要領に対する修正案を提示した。この章では、より具体的に、性の多様性を教える授業のあり方について考察していく。具体的な授業実践の検討に入る前に、クィア・スタディーズやクィア教育学の視点から多様な性を教える授業に求められることは何かを確認する。

1　性の多様性と教育学の交叉

本書は、ジェンダー規範や異性愛規範に基づいた学校教育を再考し、それらに代わるものとして、多様な性の視点から教育をつくり直そうとするものである。このような性に関する既存の価値観や規範を問い直すことは、一九九〇年代以降に発展してきたクィア・スタディーズの基本的なコンセプトである。そこで、クィア・スタディーズの理論や、そこから派生したクィア教育学の理論を手がかりにしながら、多様な性の視点からつくる教育の理論的な枠組みを設定していくことにする。

（1）クィア・スタディーズの理論

「クィア（queer）」は、もともとは、英語文化圏において「変態」や「オカマ」を意味する言葉で、非異性愛者に対する侮蔑表現として用いられていた。しかし、レズビアンやゲイたちは、そうした侮蔑語をあえて引き受けることで、クィアという語に込められた異性愛主義的な意味合いを転倒させようとし、むしろ誇りを持って自称するようになった。クィアは、当事者たちの運動の中で生まれた概念であったが、一九九〇年代初頭には、アカデミズムの中にも「クィア理論」が登場し始めた。アメリカのアカデミズムにおいて最初にクィア理論という言葉を用いたテレサ・デ・ラウレティス（Teresa de Lauretis）は、「クィア・セオリー：レズビアン／ゲイ・セクシュアリティ――イントロダクション（Queer Theory: Lesbian and Gay Sexualities; An Introduction）」という論文で次のように書いている。

北米における有色人種と白色人種それぞれのレズビアン／ゲイの自己表象を特徴づけてきた各々の歴史や仮定や概念の枠組みを積極的に検討し、明らかにし、比較し、それらに直面しようとすることを私は望んだのだった。そこからこそ、私たちはさらに歩を進めて、私たちのセクシュアリティを表す言葉を鋳直し、作り直すことができ、言説の新たな地平を切り拓き、性を考える新しいやり方を打ち立てることができるのだ。〔Lauretis, 1991＝1996：67〕

ラウレティスは、従来ほとんど触れられてこなかった問題、すなわち「ジェンダーや人種（それに付随する階級、民族文化、世代的、地理的、社会・政治的位置における差異）とホモ・セクシュアリティとの関係」やそれらの共通の基盤は何であるかといったような問題に目を向けることの必要性を提起する〔同前〕。ラウレティスの考えるクィア理論とは、「一人の人間の内部を通り過ぎる様々な線分をいかにしてとらえるかを模索する理論」でもあるのだ〔河口、二〇〇三：五九頁〕。

一方、デイヴィッド・ハルプリン（David M. Halperin）は、クィアという概念が持つ「創造性」に着目した。

クイアーであることは、社会規範への抵抗とか既存の価値観の否定とかを意味するだけではなく、新たな生き方を積極的かつ創造的に築き上げることでもある。〔Halperin, 1995=1997 : 117〕

「規範に対する抵抗」は、クィアないし、クィア理論の持つ重要な役割である。しかし、ハルプリンにとってクィアであることは、ただ既存の価値観を否定するだけではなく、むしろ新しい生き方の積極的な創造なのである。そして、それは「むしろ可能性の地平、自己変革の契機、奇妙な潜在的可能性」なのである〔Halperin, 1995=1997 : 115〕。

『クィア・スタディーズ』の著者である河口和也によると、「「クィア」概念やその実践は、規範に対して徹底抗戦を挑み、規範が押し付けてくるカテゴリー化や二元論を瓦解させようという指向性をもつ」ものであるという〔河口、二〇〇三、vi頁〕。したがって、クィア概念やその実践は、規範に抵抗しようとする者に「約束の地を与えてくれるものではない」。自己や集団の統一性が規範によって保障されているとするならば、クィア概念は自己や集団の統一性を崩壊させる危険にさらすものともなりうるからである。クィア・スタディーズは、「私たち」に解放主義的なゴールを与えるものではなく、「切った刃で自分自身をも切り付けてしまう」諸刃の剣の性質を有しているのだ［同前］。しかし、ハルプリンが指摘したように、クィアは「創造性」を内包してもいる。既存の価値を問い直した先にあるのが、新たな価値や生き方の創造である。クィアという概念が持つ批判的な力と創造性とをふまえたうえで、それらをどのように日常の生活や教育に応用できるかを考えることが重要である。

クィア・スタディーズの理論が発展する中で、クィア・スタディーズの理論を教育の領域に応用しようとする潮流も現れるようになる。クィアという概念や理論を教育に応用するということは、どのような意味を持ち、また、それによって教育はどう変わり得るのであろうか。

（２）クィア教育学の視点

クィア理論から派生したクィア・ペダゴジー（クィア教育学）は、「クィアに関する教育を意味するだけでなく、むしろ既存の教育という枠組みを再検討し、作り直す可能性を有するもの」である［河口、二〇一〇、二〇一頁］。クィア理論は、もともと規範に対して徹底抗戦する性質を有している。したがって、何らかの文化や価値の定まった知識の伝達をともなうような教育という営み（ペダゴジー）とは、相反するものであるかのように思われる。この点について、森山至貴は次のように指摘している。「クィアが固定性を問い続ける視座である限り、クィア・ペダゴジーとはジェンダーやセクシュアリティについての定型化した知識を伝達するものでは原理的にありえない」〔森山、二〇〇九、五六頁〕。たしかに、クィアには、固定性を徹底して問い続ける性質があり、固定化した知識の伝達には常に懐疑的な立場をとることになる。しかし、こうした思考方法こそ、差別や偏見あるは常識を問い直すためには重要である。森山が言うように、クィア・ペダゴジーとは、「知＝権力とジェンダー・セクシュアリティの根源的な結びつきに着目しペダゴジーのモデルに対して懐疑的な立場」なのである〔森山、二〇〇九、六六頁〕。例えば、教育という営みが何らかの特定の知識を伝えるものであっても、それは特定の何かを伝えるだけではない。他の何かも同時に伝え、また別の何かを伝え損ねている、あるいは削ぎ落してしまっているのである。何らかの知識を「教える」とき、それは一つの見方／知見にすぎず、他の見方や考え方があることに無意識であるか自覚的であるかでは、大きな違いがあるだろう。クィアという考え方は、人が陥りがちな、あらゆる知や価値の固定化＝権力の集中に対して、大きな監視の力を発揮する考え方であると言えるだろう。

それでは、クィア・ペダゴジーの理論をふまえると、教育はどのような実践となるのだろうか。教育学者のブリッツマン（Deborah P. Britzman）は、「クィア・ペダゴジーは存在するのか？（Is there a Queer Pedagogy?）」という論文のなかで、クィア・ペダゴジーの実践における三つの学びについて論じている。第一に、限界を学ぶこと（the study of limits）、第二に、無知を知ること（the study of ignorance）、そして、読解の学び（the study of reading practices）である〔Britzman, 1995〕。第一の

「限界を学ぶこと」とは、「思考することの限界」について知る実践である。これは、クィア・スタディーズが常に問題化してきた「カテゴリー」やアイデンティティの固定化を問題にする実践でもあると言える。第二の「無知を知ること」とは、いかに自分が、自分以外の他者について「無知」であるかを学ぶ実践である。性的マジョリティとされる子どもたちのほとんどが、異性愛を「自然」と認識し、性的マイノリティの存在について思いを巡らせることはない。そうした自らの「無知」を問い直す学びが重要である。第三の「読解の学び」とは、規範的な読みや解釈を支持するのではなく、まず「他者との違いを承認」し、異なる読みや解釈を支持する実践である。このような学びは、常識や規範を懐疑し、問い直すというクィア・スタディーズの基本的な指向性に基づいたものである。

森山は「クィア」かつ「ペダゴジー」的な実践の特徴として、より具体的に次の四点を挙げている。①アイデンティティの固定化をせず、流動性や多様性を賭け金とする。②ジェンダーストレート★1な異性愛者をその対象とする。③知＝権力とジェンダー・セクシュアリティの結びつきに着目する。④教師が学生に知識を教えるという一方向のモデルに懐疑的立場をとる「森

★1　性自認に違和感のない「シスジェンダー」と同義であると思われる。

山、二〇〇九」。第一のアイデンティティの固定化を避け、流動性や多様性を賭け金とするという特徴は、ブリッツマンの提唱した三つの学びと多分に重なっている。既存の価値観や固定したアイデンティティを懐疑し、多様性を尊重することは、クィア・ペダゴジーの基本的な特徴であると言える。森山は第二の特徴として、ジェンダーストレートな異性愛者をその対象とするとしているが、ブリッツマンが提唱した三つの学びも、つねにマジョリティとされる者を意識した学びとなっている。クィア・ペダゴジーは、性的マイノリティだけに向けられたものではなく、マジョリティを含めたすべての子どもを対象にするのである。第三に、知＝権力とジェンダー・セクシュアリティの結びつきへの着目を挙げているが、クィア・ペダゴジーは、私たちが当たり前や常識と考える「知」が、いかに権力構造の中で位置づけられたものであるか気づかせる実践であり、そうした権力構造を問い直すことが重要である。最後に森山は、教師と生徒との一方通行の学びを懐疑することを挙げている。子どもたちにとって教員は権力の象徴でもある。権力のある教員から、子どもへ向けられる一方通行の強制された学びは、子どもたちにとって、深い学びとはならない。教員から生徒への一方通行の学びから、対話的な教育へと変わることが大切である。★2

ここまで、クィア・スタディーズおよびクィア・ペダゴジーの理論を見てきた。差別との闘いの中で生まれてきたクィア・スタディーズの理論は、ジェンダー規範や異性愛規範を問い直す上で、大きな手がかりとなることが示された。規範に対して徹底抗戦を挑もうとするクィア理論は、諸刃の剣の性質を内包しているが、ハルプリンが指摘したように、クィアは創造性をも内包している。クィア理論が持つ批判的な力と創造性は、性の多様性を前提とした教育をつくり上げる上で重要な要素になると考えられる。さらに、クィア・ペダゴジーの理論は、学校文化に根強く存在するセクシズム、ヘテロセクシズムを問い直すために有効な手段であるだけではなく、従来の教育の方法や教育のあり方そのものを変える可能性がある。例えば、クィア・ペダゴジーの実践は、教員から生徒へといった一方向のやり方を批判し、双方向の学びを推奨する。こうした流動性は、従前の学校教育を大きく変える可能性を秘めている。また、クィア・ペダゴジーの基本的な考え方は、性的マイノリティの子どもに対して学びを保障するということにはとどまらず、性的マジョリティを積極的にその対象とする。このような考え方は、差別に加担するすべての人を射程に入れるものであり、差別を成り立たせている原因そのものにアプローチするやり方である。このようなアプローチは、他の差別問題を考える場合にも有効で

★2　パウロ・フレイレは、批判教育学の立場から、教師から生徒への一方通行の学びを批判し、「対話的教育」の重要性について指摘している［Freire, 1970=2011］。

あり、非常に重要な視点であると考える。

(3) 性の多様性について

ここで、私が教育現場で性の多様性に関する授業をするとき採用している「性のグラデーションモデル」をめぐる議論について確認しておく。性のグラデーションモデルは、性を「男」や「女」といった独立したカテゴリーでとらえるのではなく、一連のつながりのある現象としてとらえるモデルである。したがって、より正確にいえば、レズビアン、ゲイ、バイセクシュアル、トランスジェンダーなどのいわゆるLGBTといったカテゴリー分けも無効化するモデルであるということができる。このように性のあり様を連続体ととらえ段階的なスケールで表す考え方を最初に採用したのは、一九四八年にアルフレッド・キンゼイ(Alfred Kinsey)らによって作られた「キンゼイ・スケール(The Heterosexual-Homosexual Rating Scale)」であると考えられる。キンゼイは、性的指向を完全な異性愛から完全な同性愛へと至る連続体としてとらえることを提案した。★3 キンゼイ・スケールの特徴は、それまで異性愛者か同性愛者かという二項対立でしかとらえられなかった性的指向を、連続性があるものとしてとらえ直したことである。このような考え方は、それまで全く別のものとされてきた異性愛と同性愛との間に、連続性という概念を措定することによって、両者をつなげるものであり、同性愛嫌悪を軽減させることにもつながったと考えられる。

本書も性のグラデーションモデルを採用している。しかし、このようなグラデーションモデルに対しては、批判も存在する。例えば、風間孝は、「性はn個あると主張するグラデーションモデルは、非対称な関係性を消去する」可能性があると述べ、グラデーションモデルがかえって、性的マイノリティへの差別の存在を不可視化する危険性を指摘している（風間、二〇〇九、一一〇頁）。一方、黒岩裕市は、「多様な性」という言葉が差別や抑圧の構造を見えにくくする危険性があると指摘する。黒岩は、現代文学作品の中に描かれる多様な性のあり方についいて批判的に検討し、「「現状補完的」なものであり、かつ、ある性の排除や抹消をも伴うものであるならば、その世界を称揚することはできない」とし、「いま・ここ」にある差別や

★3　キンゼイ・スケールでは、異性愛者から同性愛者までを〇から六の七段階の連続的なカテゴリーに振り分けている。例えば、〇＝一〇〇%の異性愛、三＝異性愛五〇%と同性愛五〇%、六＝一〇〇%の同性愛としている。Kinsey Institute at Indiana University を参照（二〇一五年一二月二五日入手）。http://www.kinseyinstitute.org/research/ak-hhscale.html#what

抑圧の構造に目を向けることの必要性を指摘した〔黒岩、二〇一三、一五一頁〕。風間や黒岩は、現実に存在している差別や抑圧の構造を見えにくくする危険性があることから、性のグラデーションモデルや性の多様性という言葉に批判的である。

このように、性のグラデーションモデルおよび多様な性という言葉の問題性を指摘する研究者もいる。教育学の中でも、性のグラデーションモデルや性の多様性は十分に検討されてきたわけではない。しかし、性に対する固定的な思い込みや性別二元論に対して、性のグラデーションモデルや性の多様性という言葉は、有効な手立てともなりうる。風間や黒岩が指摘するように、性のグラデーションモデルや性の多様性という言葉は、現実に存在する性差別や同性愛嫌悪を忘却あるいは隠蔽してしまう可能性はあるが、性差別や同性愛嫌悪を自明のものとして疑わない考え方を揺さぶるものである。人々の思考に対する揺さぶりや常識を問い直すことこそ、クィア・ペダゴジーの基本的なコンセプトであり、性をグラデーションと考えたり、多様性のあるものと考えたりする新しい見方は、性に対する固定的な見方や偏見に気づかせるものでもある。そのような意味で、性のグラデーションモデルを使うことの利点にむしろ注目したい。しかしそれは、風間や黒岩の指摘を私が軽視しているわけではない。差別の現実をしっかりと見つめ、過去を反省するというプロセスは、非常に重要であると考える。さらにそのうえで、性に対する固定的な見方に代わるものとして、性のグラデーションや性の多様性を理解することが大切であると考える。

最後に、これまでの理論的な議論をふまえて、多様な性の視点でつくる教育に求められる要素について整理しておきたい。ジェンダーおよびセクシュアリティに関する理論やクィア・ペダゴジーの理論をふまえると、性の多様性を前提とした教育を実現するための要素は、次の五つにまとめられる。

①ジェンダー規範や異性愛規範を解体すること。
②既存の知識や常識を再考すること。
③多様性や流動性を歓迎すること。
④性的マイノリティだけでなく、性的マジョリティを対象とすること。
⑤固定したカテゴリーを解体すること。

ジェンダーおよびセクシュアリティに関する議論をふまえると、性の多様性を前提とした教育における基本的なコンセプトは、ジェンダー規範や異性愛規範などの性についての固定した見方や考え方を問い直すことである。さらに、クィア・スタディーズおよびクィア・ペダゴジーの理論から得られた知見は、双方向の学びや流動性を歓迎し、多様性を尊重することである。

また、性差別や同性愛嫌悪の観点から考えると、性の多様性を前提とした教育は、性的マイノリティにだけ向けられたものではなく、性的マジョリティを積極的に対象とするべきである。そして、カテゴリーの固定化にも注意しなくてはならないと考える。カテゴリーは、人のアイデンティティにかかわる重要な要素ではあるものの、固定したカテゴリーは人々を拘束し、分断することにもつながり得る。したがって、あいまいさや流動性があった方が、人は自由に生きられるのであり、アイデンティティを自由につくり上げることができるようになるのではないだろうか。性の多様性を前提とした学校教育をつくり上げるためには、これらの要素をふまえながら、カリキュラムの作成や授業づくりに臨むことが必要である。

2　性の多様性を教える授業

本書の第4章では、性的マイノリティの子どもへの個別的支援に対する批判的な検討を行ない、性的マイノリティが抱える困難を解決するためには、当事者個人に対する個別支援だけでは不十分であることを指摘した。性的マイノリティが抱える問題は差別問題であって、当事者ではなく周りの生徒への指導を無くしては、当事者支援は成立し得ない。文部科学省は、「個別的な支援」を重視するが、差別を無くすためにより重要なことは、すべての児童生徒を対象にした指導、すなわち性の多様性に対する理解を促すための授業である。

一方、現場レベルでは、性同一性障害に限定しない性的マイノリティを対象とした草の根的な実践が積み重ねられており、福岡県の公立学校でも様々な実験的な授業づくりが試みられてきた。性的マイノリティに関する教育現場での関心が高まる中、性の多様性に対する理解を促す授業をどうつくっていくかを検討することは、教育現場の要請に応えることでもあり意義のあることだと考える。

そこで本節では、私が福岡県近郊をフィールドとして行なってきた性の多様性に関する授業を取り上げて検討していく。これによって、性の多様性に対する理解を促すためにどのような授業が可能であり、どのような課題があるのかを提示する。

（１）授業実践の概要

私は、福岡県の公立学校で教員をしていたころから、性的マイノリティの人権や性の多様性を題材とした特設の授業を行なってきた。表８―１は、二〇一二年二月から二〇一五年一一月の間に行なった授業についての基本的な情報をまとめたものである。これらの授業における私の立場は様々で、授業者として行なったもの、学級担任が行なう授業にゲストティーチャーとして加わった授業もある。一方、本番の授業には直接かかわらず、授業づくりの段階のみ協力者としてかかわったものもある。また、そうした学級単位の授業の他に、全校や学年を単位とした全体学習の講師として行なった授業も多い。

性の多様性に関する内容を授業で扱う際の教科・領域については、私の実践では「道徳」の時間が最も多くなっている。文部科学省は、二〇〇八年の学習指導要領改訂に際して、「はどめ規定」を原則として削除する立場を明らかにしている［文部科学省、二〇〇八d］。したがって、学習指導要領に明確な記述がなくても、発展的な内容や題材として「性的マイノリティ」や「性の多様性」について教えることは原則的に可能になった。しかし、現状として、教員が教科書に書かれていない題材を使って授業をするためには、管理職をはじめとした他の教員や

表 8-1　福岡県近郊の公立学校で行なった性の多様性を題材とした授業

実施日	学校	学年	教科・領域	主な手立て	筆者の立場
2012.2	A中学校	1	道徳	当事者のライフストーリー（作文）	授業者
2013.12	B中学校	2	道徳	歌（中村中「友達の詩」）	授業者
2014.10	A小学校	6	道徳	性のグラデーション、ゲストティーチャー（以下GT）	GT・協力者
2015.3	B小学校	6	道徳	性のグラデーション、GT	GT・協力者
2015.2	C中学校	3	道徳	性的マイノリティに対する差別的な言動	協力者
2015.7	D中学校	2	道徳	当事者のライフストーリー、差別的な言動	協力者
2015.10	C小学校	6	学活	当事者のライフストーリー、クイズ、VTR	協力者
2015.2 - 2015.11	異なる5つの高校	全	道徳及び総合的な学習	性のグラデーション、ライフストーリー、VTRを活用した全体講演	授業者

保護者の理解を得ることが難しいといった問題もある。また、そもそもそういった内容を教えるために必要な知識や具体的な教材などの資源、時間的な余裕がないために、現実には大きなハードルがあると考えられる。しかし、そうした厳しい現状の中でも、性的マイノリティや性の多様性の問題を人権問題としてとらえて、「道徳」や「学級活動」、あるいは「総合的な学習の時間」を使って教える試みは徐々に増えてきている。[★4] 例えば、新しい中学校学習指導要領では、道徳で扱うべき内容（価値項目）として「正義と公正さを重んじ、誰に対しても公平に接し、差別や偏見のない社会の実現に努めること」と明記されており〔文部科学省、二〇一七、一五五頁〕、こうした価値項目を教える題材として性的マイノリティの人権を取り上げることは十分可能である。また、私が行なった授業は「道徳」の時間を使ったものが圧倒的に多くなっているが、社会科の公民分野、保健体育科の保健分野、家庭科、理科をはじめとしたすべての教科・領域において、性的マイノリティの人権や多様な性について教えることは可能であり、多様な教

★4　福岡県X市の他に、愛媛県の西条市立丹原東中学校（http://tambarahigashi-j.esnet.ed.jp/）でも、学校を挙げて「性的マイノリティに対する差別解消」をテーマに授業研究が行なわれた。

科・領域での授業研究も必要である。

性の多様性についての授業をつくるにあたっては、児童生徒の実態や授業のねらいによって様々な手立てを講じた。例えば、人権教育の文脈で性的マイノリティ当事者の置かれた状況を理解させるためには、当事者によって書かれた手記やライフストーリーを用いた。手記の代わりに、当事者が作詞作曲した「歌」を鑑賞し、歌詞に込められた思いを読み解く授業も行なった。さらに、実際に当事者をゲストティーチャーとして授業に招き、直接話を聞いたり、子どもの疑問に答えたりする授業も行なった。同じく人権教育の文脈で、「ホモ」や「オカマ」といった子どもたちが日常的に使っている言葉を題材として、その問題性に気づかせるような授業も行なった。

一方、性に対するとらえ方そのものを問題化する授業も行なった。例えば、性を「男」や「女」あるいはLGBTといった単純化したカテゴリーとしてとらえるのではなく、グラデーションのように「連続性のある現象」としてとらえる考え方（性のグラデーションモデル）である。性のグラデーション・スケールを用いた授業については、後述の小学校における授業実践で詳しく述べる。また、性的マイノリティや性の多様性についてわかりやすく解説したDVDや動画も公開されており、ときおりこうした視聴覚教材も使用した。★5

次項では、私が最初に取り組んだ中学校における作文を使った授業と、小学校で行なった性のグラデーションモデルやゲストティーチャーなどを活用した授業について検討していく。

（２）中学校における「作文」を使った授業

ここでは私が行なった授業のうち、一番初めに行なった中学校における作文を使った授業について検討していく。これは、二〇一二年二月に福岡県内のある中学校で一学年の生徒を対象に行なったものである。

この授業のきっかけは、当該校において一学年の生徒が「オカマ」という言葉を使って、からかいあっていたのを当該校に勤務していた私が発見し、指導したことであった。昨今、テレビ番組で「性同一性障害」が取りあげられたり、「オネエタレント」と呼ばれる芸能人が多く登場したりするようになったが、その登場の仕方はおもしろおかしく、奇をてらったような登

★5　ＤＶＤ教材の例として、新設Ｃチーム企画（二〇一一制作）「いろんな性別～ＬＧＢＴに聞いてみよう～」、ＱＷＲＣ（二〇一〇年制作）「高校生向け人権講座・セクシュアルマイノリティ入門」、福岡県田川市立金川中学校放送部（二〇一五年制作）「Like a Rainbow」などがある。

場の仕方が多い。生徒たちはそのようなメディアに触れることにより、性的マイノリティに対する偏った固定観念と嫌悪感とを増幅させていると考えられる。「ホモ」「オカマ」「オネエ」、最近では「ゲイ」という言葉を使う生徒もいるが、これらの性的マイノリティを名指す言葉を生徒は、日常生活の中で無神経に使っている。特に人をからかったり、攻撃したりする場面で、性的マイノリティを表す言葉を使用する経験を通して、言葉そのものがもつ「蔑称」としての威力に気づくだけではなく、同時にそれらの言葉が名指す性的マイノリティへの偏見と嫌悪感とを増幅させている。また、そうした言葉の使用について、大人（教員）から指導を受けたことのない子どもたちは、性的マイノリティに対する蔑称の使用が常態化していく。これによって、性的マイノリティへの差別や偏見を内面化し、無意識に性的マイノリティを嫌悪し、排除するようになる。

勤務校では、性的マイノリティに対する蔑称の使用が常態化し、それが差別や偏見であるということに多くの生徒が気づいていなかった。このような生徒の実態をふまえ、「生徒が性的マイノリティの人々が置かれた状況を想像し、性的マイノリティに対する否定的な言動の問題性に気づくようになる」ことを授業のねらいとした。これらのねらいは、中学校学習指導要領における「道徳」の内容項目4—（3）に示された「正義を重んじ、だれに対しても公正、公平にし、差別や偏見のない社会の実現に努める」態度を育むことにかかわるものであった〔文部科学省、二〇〇八b、一一三頁〕。さらに、２―(５)「それぞれの個性や立場を尊重し、いろいろなものの見方や考え方があることを理解して、寛容の心をもち謙虚に他に学ぶ」態度を育むこととも関連が深い〔文部科学省、二〇〇八b、一一二頁〕。また、本教材の学習は、自分らしい生き方をすることの大切さや、多様な生き方を認め合うことの大切さを学ぶことにもつながっており、中学校学習指導要領「道徳」に示された目標「人間としての生き方についての自覚を深め、道徳的実践力を育成する」ことにもつながっていくと考える〔同前〕。

学習指導要領に定められた道徳のねらいをふまえて、この授業では、性的マイノリティを例に自分らしく生きることおよび、多様な生き方を認め合うことの大切さに気づかせるという具体的な目標を設定した。資料８―１は、本授業の流れを表した指導案である。授業のねらいを達成させるために本授業で用いた手立ては、性的マイノリティ当事者によって書かれた作文〔資料８―２〕を読み解くことであった。このような作文を読むことを通して、固定的で偏ったとらえ方をされがちな性的マイノリティが直面する困難の一端を知り、性的マイノリティが置かれた状況について考えるとともに、差別や偏見をなくしていくために大切なことは何かを考えさせるように構成した。

実際の授業では、まず、導入段階において、「男らしさ」や「女らしさ」について考えさせ、それらは誰もが持っている要素であることを確認した。続いて展開の段階では、性的マイノリ

資料 8-1　授業指導案

<table>
<tr><td colspan="3">授業実施日：2012 年 2 月○日</td><td colspan="2">学年：1 年</td><td colspan="2">場所：中学 1 年教室</td></tr>
<tr><td rowspan="3">本時の主眼
授業仮説</td><td colspan="6">○性的マイノリティ当事者によって書かれた作文を自分に置き換えながら読み解くことにより、自分らしく生きること及び多様な生き方を認め合うことの大切さに気づくことができる。
【思考する・交流する・深める段階】で、性的マイノリティ当事者によって書かれた作文を全員で読み、体験文を自分に置き換えながら読み取ったことや感じ取ったことを交流すれば、自分らしく生きること及び多様な生き方を認め合うことの大切さに気付くであろう。</td></tr>
<tr><td colspan="4">思考の場での手だて</td><td colspan="2">交流の場での手だて</td></tr>
<tr><td colspan="4">○性的マイノリティ当事者によって書かれた作文から当事者の気持ちを考えさせる。
○作文から感じ取ったことや自分の考えをワークシートにまとめさせる。</td><td colspan="2">○当事者の気持ちについて考えたことや作文から感じ取ったことを交流させる。</td></tr>
<tr><td>準備</td><td colspan="6">①ワークシート　②資料 1　③資料 2</td></tr>
<tr><td></td><td>学習活動・内容</td><td>形態</td><td>資料
教具</td><td colspan="2">教員の手立て</td><td>配時</td></tr>
<tr><td rowspan="2">つかむ（導入）</td><td>1 「男らしさ」「女らしさ」にはどんなものがありますか？
2 本時のめあてを確認する。</td><td>個
一斉</td><td>①</td><td colspan="2">○誰もが、男らしさや女らしさを持っていることに気付かせる。男らしさや女らしさがそもそも主観的なものであることに気付かせる。</td><td rowspan="2">10</td></tr>
<tr><td colspan="5">めあて　差別や偏見をなくすために、どんなこと（姿勢）が大切か考えよう。</td></tr>
<tr><td>思考する／交流する／深める（展開）</td><td>3 資料 1「家族と共に、新たな道」を読んで話し合う。
①女の子とばかり遊んでいる私を見て、母はどんふうに思ったのでしょう。
②母に「男の子なら、女の子とばかり遊んでいないで……お友達と遊びなさい」と言われた筆者はどんな気持ちだったでしょう。
③著者が一生懸命「オレ」と言おうと努力したのはなぜでしょう。
④著者は決心して、何を母親に打ち明けたのでしょう。</td><td>個
↓
一斉</td><td>②</td><td colspan="2">○母が著者へ抱く「男の子は男の子同士で遊ぶもの」という期待とそれに応えられない著者との心のすれ違いに着目させる。
○ありのままの自分でいることが、母親を心配させることにつながると著者が感じていることに気付かせる。
○周囲の期待に応えるために、自分らしさを抑えようとしていることに気付かせる。
○著者が性的マイノリティであることに気付かせ、母親に打ち明けるまでの著者の苦悩を考えさせる。</td><td>30</td></tr>
<tr><td rowspan="2">まとめ</td><td>4 資料 1 や資料 2「セクシュアル・マイノリティを取り巻く日本や世界の状況」を読んで、考えたこと感じたことをワークシートにまとめ、発表する。
・今日の学習をして～と考えました。その理由は、…だからです。
・私は～ということを知りました。だから、これから私は…したいです。</td><td>一斉
↓
個</td><td>③</td><td colspan="2">○著者のような性的マイノリティが身近にいるかもしれないことに気付かせるとともに、世界には性的マイノリティにとって生きにくい国が存在することを知り、多様な生き方を認め合うことの大切さに気付かせる。
○文例を提示し、まとめを書きやすくする。</td><td rowspan="2">10</td></tr>
<tr><td colspan="5">まとめ　差別や偏見をなくすためには、互いの個性を尊重し、認め合うことが大切。</td></tr>
</table>

ティ当事者によって書かれた作文を全員で読み、当事者の気持ちを考えさせる。作文に書かれている内容を自分に置き換えながら読み取らせ、感じたことや考えたことを交流させた。最後に、まとめの段階では、性的マイノリティの推定人口や性的マイノリティを取り巻く日本や世界の状況を確認し、多様な生き方を認め合うことの必要性に気づかせるようにした。

授業の核心部分である展開場面で用いた作文は、私が知人に依頼して作成したものに若干の修正を加えて教材化したものである（資料８―２）。作文の主な内容は、次のようなものである。主人公は、小学校時代に周りの男の子が「オレ」という一人称を使い始めたとき、一人だけ自分のことを「オレ」と表現できなかった。友達は女の子ばかりで、周りの男の子と比べて「男らしくない」ことで悩み、男らしくしようと努力をするが、どうしてもうまく振る舞うことができなかった。六年生のときには、初めて「好きな人」ができたが、そのことがさらに主人公を悩ませた。やがて主人公が二〇歳になったある日、母親に自分が同性愛者であるとカミングアウトするというストーリーである。

資料8—2「家族とともに、新たな道」

私の家族は日本一仲がよく、絆が深い家族だと思います。なぜならこんな私のことを愛してくれているからです。こんな家族がいて、私はとても幸せです。

私は幼い頃から、いつも女の子とばかり遊んでいました。男の子がよくする遊びの野球やサッカーが苦手で、どうしても好きになることができませんでした。それよりも室内でおしゃべりをしたり、お絵描きをしたりするのが大好きでした。たまに外に出ても、ままごとをよくやっていました。なので、自然と女の子の友達が多くなりました。私自身はとても楽しく、女の子に混じって遊んでいることが、自分にとっては普通のことでした。しかし、そんな私を両親はどう思ったでしょうか。ある日、母は私に「男の子なら、女の子とばかり遊んでいないでもっとお外で、お友達と遊びなさい」と言いました。私はそのとき、母の言っていることの意味がわかりませんでした。なぜなら、私の友達は女の子ばかりだったからです。ところが母は女の子の友達を「友達」とは考えていなかったのです。母は、「男の子は、男の子同士で遊ぶものだ」と思っていたのかもしれません。同じ頃、自分の一人称にも悩みました。周りの男の子が「オレ」と言い出した時に、私はどうしても自分のことを「オレ」と言うことができませんでした。オレという表現にどうしても馴染めず、自分の言葉として使うことができませんでした。それでも自分だけ「オレ」を言えないことは、当時の自分にとっては、とても恥ずかしいことでした。馬鹿にされるのではないかと思い、一生懸命に「オレ」と言おうと努力しました。六年生のとき、初めて好きな人ができました。しかし、その思いは誰にも言えませんでした。

これが小学校の頃の私の思い出です。それから一〇年後、私は決心をして、夜中、母を呼び出しました。なかなか話を切り出すことができず、母を見ているとなぜか自然と涙があふれてきました。そんな私を見て、母は歩み寄り、落ち着いた声で言いました。「同性愛のことやろ？」と優しく聞いてくれました。ずっと打ち明けられずにいたこの秘密をやっと母に打ち明けることができました。今まで、一人で歩んできた道をこれからは、家族と共に、新たな道として歩んでいきます。

この作文を生徒に提示する際、最初はあえて文中に登場する「同性愛」という言葉を空欄にして、作者が性的マイノリティ当事者であることは明言せずに、作者が何に悩んでいるのかを考えさせた。作者が抱える悩みについて十分な議論、交流をさせたうえで、最後に空欄には「同性愛」という言葉が入ることを明らかにし、この作文が性的マイノリティ当事者によって書かれたものであることを生徒たちに理解させた。その際、異性を好きになる人だけではなく、同性を好きになる人がいてもおかしくはないということを確認した。最後に、まとめの段階では、作文から読み取った性的マイノリティが置かれる状況や性的マイノリティを取り巻く日本と世界に関する資料（資料8―3）をふまえて、互いの個性を尊重し認め合うために、どんなことに心がければよいのか意見を発表し合い、ワークシート（資料8―4）に自分の考えをまとめた。なお、ワークシートのまとめ部分には、「文例」が記載されているが、これは、当該校において「言語活動」の研究が行なわれていたためである。

授業を受けた生徒のワークシートのまとめには次のような記述があった（資料8―5）。「これからは一人一人の思いや考えを理解していくことが大切だと考えました」「〔性的マイノリティ当事者は〕特別に扱ってほしくないと思うので、平等に接して、差別や偏見をなくしていきたい」「差別をなくすためには相手を思いやる気持ちが大切だと思った」。これらの記述から生徒は、性的マイノリティが抱える問題を「差別」の問題であると認識し、自分と異なる人の思いや考えを理解したり、思いやりの心を大切にしたりすることが必要であることも認識していることがわかる。

しかし、「相手を理解する」や「思いやる」とは、安全で特権的な立場にいる性的マジョリティが、性的マイノリティを理解するという、一方的なとらえ方であると見ることもできる。

したがって、性的マイノリティに対する差別の問題について、生徒がどれだけ主体的に考えることができたかという点では、不十分であったと言える。そのため、生徒が差別の問題を他人事として考えるのではなく、自分の問題として、主体的に考えることができるような教材が必要である。

授業に先立って行なわれた他の教員たちとの事前協議では、作文中に登場する「同性愛」の文字は、「性同一性障害」に置き換えるべきだという指摘がなされていた。教育現場に限らず、官公庁が主催する催しや発行する文書などでも、「同性愛」という言葉が忌避され、「性同一性障害」という言葉の使用が歓迎される傾向がある。その根拠としてしばしば挙げられるのは、性的マイノリティに係る日本の法律は、二〇〇三年に制定された「性同一性障害者の性別の取扱いの特例に関する法律」だけであり、その他の性的マイノリティについては、明確な定義がないということである。これは、言い換えるならば、日本の法律上は、性同一性障害以外の性的マイノリティは存在しないということであろう。しかし、現実に存在する性的マイノリティは性同一性障害だけではない。むしろ性同一性障害の診断を必要としない性的マイノリティの方が多い。性的マイノリティを性同一性障害へと矮小化してとらえようとするのは、単に法律上の定義が明確ではないからという理由だけではないだろう。同性愛などの言葉を性同一性障害へと書き換えようとするとき、そこに働いているのは、同性愛に対する忌避感、同性愛嫌悪

資料8-3 「セクシュアルマイノリティを取り巻く日本と世界の状況」

1 日本はどのくらいセクシュアルマイノリティがいるのか？

日本のレズビアン・ゲイ人口（推計）：約274万人

株式会社「パジェンタ」の行った調査

2006年11月国内約4万人を対象に実施されたアンケート調査で、国内の同性愛者の数は、274万人と算出された。人口比では、約4%という結果がわかった。また、「同性に性愛を感じる可能性がある」と回答した人が5.6%に及び、LGBT（レズビアン、ゲイ、バイセクシュアル、トランスジェンダー）を合わせると約10人に1人がセクシュアル・マイノリティ（性的少数者）の可能性があるという調査結果が示されている。

2 同性愛をとりまく世界の状況

同性同士で結婚ができる国・結婚に代わる法律がある国(州)

オランダ、ベルギー、スペイン、ポルトガル、アイスランド、アルゼンチン、カナダ、マサチューセッツ州、カリフォルニア州、コネチカット州、アイオワ州、バーモント州、メイン州、ニューハンプシャー州、ワシントン d.c.、ニューヨーク州、南アフリカ、デンマーク、ノルウェー、スウェーデン、グリーンランド、フランス、ドイツ、フィンランド、イギリス、ルクセンブルク、イタリア、アンドラ、スロベニア、スイス、チェコ共和国、アイルランド、ブラジル、メキシコシティ、コアウイラ州、ウルグアイ、ニュージーランド、タスマニア州、オーストラリア首都特別地域、イスラエル、ハンガリー、オーストリア、クロアチア

資料8-4　ワークシート

2012年2月○日(　)　「道徳」　1年　氏名＿＿＿＿＿＿＿＿

めあて

題材「家族と共に、新たな道」

1.「女らしさ」や「男らしさ」を表すものにはどんなものがありますか。

女らしさを表すもの(連想させるもの)	男らしさを表すもの(連想させるもの)

2. 母に、「男の子なら、女の子とばかり遊んでいないで、もっとお外でお友達と遊びなさい」と言われた私はどんな気持ちだったでしょう。

3. 私は決心して、何を母親に打ち明けたのでしょう。

まとめ　今日の授業をうけてあなたが考えたことを文例にならって書きましょう。

【文例】○ 私は今日の学習をして～と考えました。その理由は、・・・だからです。

○ 今日私は～ということを知りました。だから、これから私は・・・したいです。

資料8―5　授業を受けた生徒の感想（ワークシートの記述から）

生徒A

私は今日の学習をして、世の中には同性愛や、手足が不自由な人がいるのでそれらのことで「あの人はみんなと違う」などと思わないで、みんなで協力して助けながらとか、相手のことも考えながら接していけたらいいなと思いました。それは、やっぱりその人達自身も特別に扱ってほしくないと思うので、やっぱりみんな平等で、差別や偏見をなくしていきたいからです。

生徒B

私は今日の学習をして、これからは一人一人の思いや考えやみんなを理解していくことが大切だと考えました。その理由は、一人一人は違うので、その考えを尊重してあげることで、イライラが減り、一人ぼっちになることがなくなると思うからです。

生徒C

僕はこの学習で大正デモクラシーの差別をなくす運動をしていた当時16歳だった山田少年の差別について訴えていた写真について思い出しました。やっぱり男女の差別や生まれつき普通の人と違って病気をもっている人の差別など、そういうことを差別してはいけないと僕は思いました。今の世の中、大正から平成に変わったので、差別も減ってきているので、完全に差別をなくすために、相手を思い合う気持ちを大切にして、がんばりたいです。

である可能性が高い。教員の中にもこの同性愛嫌悪が存在しており、教育現場では同性愛という語を使用することを避けようとする者がいると考えられる。

しかし、私はあえて、授業の中で「同性愛」という言葉を用いることにした。それは、生徒らが日常的に使っている「ホモ」や「オカマ」といった言葉が、同性愛に対する根強い偏見、すなわち「同性愛嫌悪」に基づいた言動であったからである。もし、同性愛を「性同一性障害」と置き換えてしまえば、性的マイノリティが抱える問題は、性同一性障害という「障害」を持った当事者の問題であると解されてしまう。そのような理解では、同性愛に対する差別や偏見についての想像することは困難である。したがって、性同一性障害という「隠れ蓑」で同性愛嫌悪を覆い隠すのではなく、むしろそこに積極的に焦点を当てることにした。

授業の終盤で、同性愛という言葉を出した瞬間、それまで活発に意見を出していた生徒たちが一瞬、静まり返った。その静寂は、同性愛という言葉に対する「忌避感」や「拒絶」であった可能性がある。だが、大切なのはそうした自己が抱える同性愛嫌悪を意識し、顧みる機会をつくり出すことである。また、その静寂の中には同性愛を忌避し、嫌悪してきた自分自身に対する後悔や反省が含まれる可能性もある。先述したように、授業以前に当該校では「オカマ」という言葉を使って人をからかう生徒の姿が見られ、性的マイノリティに対する蔑称の使用が常態化していた。これまで性的マイノリティに対する蔑称を使ってふざけたり、人をからかったりしたことがあり、それを自覚している生徒は、これまでの自分の言動が責められていると感じたかもしれない。すなわち、この授業は、これまで生徒が日常生活の中で使用してきた「ホモ」や「オカマ」といった言葉の問題性に気づく機会でもあったのである。いずれにせよ、授業という場面で教員の口から同性愛という言葉を初めて聞いた生徒にとっては、この瞬間は大きな影響を受けるものであったに違いない。

しかし、当事者が書いた作文を読むというだけでは、そこから得られる学びには限界がある。差別の外側にいるマジョリティが、差別の内側にいるマイノリティについて知るという一方通行の学びではなく、マイノリティに対する差別の問題をより主体的に考え、生徒が自分の問題として考えることができるような学びが必要である。次に検討するのは、こうした反省をふまえて行なった小学校での授業である。

(3) 性のグラデーションモデルを活用した小学校の授業

次に検討するのは、二〇一四年一〇月に福岡県内のある公立小学校で行なわれた「道徳」の授業である。対象となったのは六学年の児童で、一単位時間を使って授業を行なった。授業そのものは学級担任によって行なわれたが、私は授業計画の段階で協力者として加わった他、授業の本番ではゲストティーチャーとして参加した。

この小学校で六学年の児童に性の多様性に関する授業が行なわれた背景には、次のようなものがあった。X市の要保護児童ネットワーク会議[★6]において、この小学校が属する中学校区内の別の小学校の六学年に、「性同一性障害」の可能性がある児童がいることが報告された。これを受けて、この中学校区のすべての小学校では、六学年児童に「性の多様性」に関する学習をさせたうえで卒業させることになった。これには、小学校段階で性の多様性に関する学習をさせることで、中学校で差別事象が生じないようにするねらいがあった。

授業をつくるにあたっては、前項で検討した中学校の授業の反省から、児童が差別の問題をより主体的に、自分の問題として考えるようになることを目指した。児童が性的マイノリティに対する差別の問題を主体的に考えることができない背景の一つに、性的マイノリティに対する誤ったイメージが挙げられる。そこで、一時限目の授業は「性的マイノリティに対するス

★6　福岡県X市が設置主体の「要保護児童ネットワーク会議」のこと。小中の養護教諭および支援加配教員、生徒指導部主事、民生委員、行政職員、市教育委員会などによって構成され、要保護児童などの実態や支援内容の総合的な把握を定期的に行なっている。

ティグマ化されたイメージを転覆させること」を主なねらいとした。さらに、性的マジョリティ／性的マイノリティという区分そのものに問題性があるのではないかと考えた。このような区分を本質的な現象とみなしている限り、性的マイノリティに関する学びは、マジョリティの立場から、マイノリティの立場について知るという一方的な学習の域を脱することはできない。したがって、二時限目の授業では、性的マジョリティ／性的マイノリティといった区分が本質的なものではないことに気づかせることを目指した。また、これらの内容は小学校学習指導要領道徳の第五学年及び第六学年の内容項目4―（2）に示された「だれに対しても差別をすることや偏見をもつことなく公正、公平にし、正義の実現に努める」〔文部科学省、二〇〇八a、一〇四頁〕ことに関連付けて行なわれた。

資料8―6は、私と学級担任、養護教諭の三者での協議をもとに作成した指導案である。前ページで示した授業のねらいを達成させるため、この授業では次のような手立てを講じた。一時限目の導入においては、児童が何気なく使っている「ホモ」や「オカマ」という言葉から連想することを発表し合った。その後、性的マイノリティであることを公表しているスポーツ選手や著名人を児童の前に提示し、性的マイノリティに対するイメージと実際の姿とがいかにかけ離れたものであるかを示した。授業では同性愛を公言している人物の例として、オリンピック金メダリストのイアン・ソープ（Ian James Thorpe）やハリウッド俳優のジョディ・フォスター（Jodie Foster）、壇蜜[★7]などの人物を提示した。これらの人物を選んだのは、人気の高い有名人の中にも当事者がいる事実を提示することで、子どもたちの偏見を瓦解させようとするねらいがあったからでる。しかし、小学生の中には、イアン・ソープやジョディ・フォスターを知らない子ども多かったため、日本人で子どもたちの認知度の高い壇蜜をとりあげた。さらに、当事者をゲストティーチャーとして授業に招き、体験談を聞くことで、性的マイノリティが特別な人ではないことを子どもたちに実感させた。

二時限目では、マジョリティ／マイノリティといった境界が本質的なものではないことに気づかせるために、図８―１のようなスケールを使って自分たちの性のあり方が多様であることについて考えさせた。

このスケールでは、性を三つの要素「体の性」（sex）、「心の性」（gender identity）、「好きになる性」（sexual orientation）に整理した[★8]。さらに、それぞれの要素も女性か男性にきっぱりと二分できるものではなく、線分上のどこかに位置するものと考える。このようなスケールで一人の人間の性のあり方を考えていくと、点の位置は人によって異なり、性のあり方は指紋のように

★７　壇蜜は、バイセクシュアルを公言する日本の芸能人である。

資料 8-6　授業指導案

主題：「いろいろな性について考えよう」		
学習のねらい	①当事者の話を聞き、性のあり方はみんな少しずつ違っているということを知る。また、人を傷つける言葉について考える。 ②性別を三つの要素に分けて考え、自分の性別について振り返り、性のあり方・生き方は自分が決めてよいということが分かる。	
学習内容	学習活動	支援・援助・ポイント
1【担任】「ホモ・オカマ」という言葉から連想することを考える	○「ホモ・オカマ」という言葉から連想されることをワークシートに記入し、発表する。	固定的なイメージ、偏った知識、否定的イメージ、肯定的イメージなど。
2【担任】実際にいる性的マイノリティの紹介	○写真を見て有名人にもたくさん性的マイノリティの人がいることを知る。 イアン・ソープ（オリンピック選手）、マシュー・ミッチャム（北京オリンピック金メダリスト）、ジュディス・アルント（アテネオリンピック金メダリスト）、ミーガン・ラピノー（米国女子サッカー代表）、ジョディ・フォスター（俳優）、尾辻かな子（元国会議員）、石川大我（東京都議会議員）、壇蜜（タレント）	有名人、スーパースターなど、否定的なイメージとは間逆なモデルを提示することで、自分たちの認識とのギャップを感じさせる。
3【担任】GT の紹介 【GT】自己紹介と三つの性について紹介	○ GT の自己紹介。 ○性別は三つの要素（からだの性・こころの性・好きになる人の性別）で考えることができることを知る。	GT ははじめから教室にいてもらう。（当日は他校の先生の参観もある）
4【GT】性のグラデーションについて考える 【担任、そのほかの教員】自分の性のグラデーションについて紹介する 【担任】自分の性について考える	○性別はみんな少しずつ違っていてグラデーションのようになっていることを知る。 ○ワークシートの図を見ながら考える。書かなくてもよい。	担任や参観している教員も自分の性のグラデーションについて説明する。 自分の性のあり方を自分自身で見つめることが大事。無理やりに発表させない。
5【GT・担任】GT への質問タイム		
6【担任】授業のまとめ	○授業の感想を書き、発表する。	

一人一人異なることに気づくことができる。したがって、一人の人間の性は、多様な性のグラデーションの中の一つにすぎないのだと理解することができるようになる。

　また、このスケールを使って性の多様性を説明する際に、まずは、子どもたちにとって身近な複数の教員たちに、自分の性の在り方について説明してもらった（写真８―１）。それぞれの教員が異なる性のあり方を示すことで、子どもたちの多様な性への偏見や忌避感を緩和させることを目指した。また、そうすることによって、マイノリティ／マジョリティといった線引きが無意味であるということに気づかせようと考えた。[★9] 教員たちによる多様性な性の説明が終わると、今度は図８―１のスケールを見ながら、自分の性のあり方を考えるよう児童たちに促した。[★10]

　一時限目に、「ホモ」や「オカマ」から連想するものとして子どもたちが出したものの中には、「気持ちが悪い」や「怖いイメージ」「笑われている」「馬鹿にされている」などの言葉が見られた（資料８―８）。とくに「オネエキャラ」や「男なのに女みたい

図 8-1　スケール　（例）

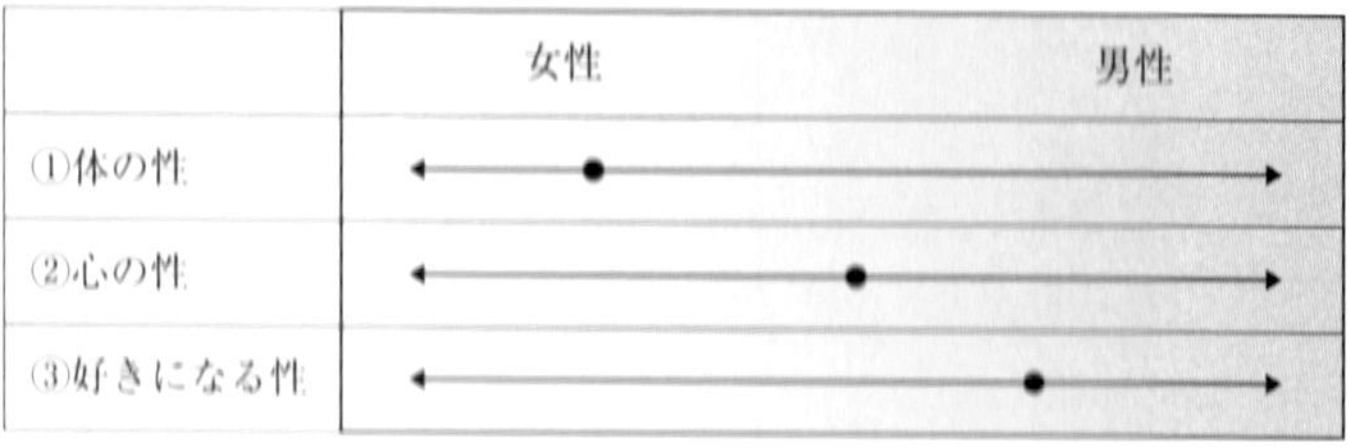

資料8-7　ワークシート

いろいろな性についてかんがえよう

○年１組（　　）番 ＿＿＿＿＿＿＿＿

めあて

1.「オカマ」「ホモ」と聞いてイメージすることや言葉をかいてみましょう。

2. いろいろな性

あなたの場合はどうですか？

	女性　　　　　　　　　　　男性
①　　　　　の性	←――――――――――――→
②　　　　　の性	←――――――――――――→
③　　　　　性	←――――――――――――→

3. 今日の授業をふりかえって

な口調の人」「声がでかい人」などのイメージからは、子どもたちがテレビ番組に登場するオネエタレントから大きな影響を受けていることがわかる。そこで、同性愛者であることを公言している有名なスポーツ選手（イアン・ソープ）の写真を提示した瞬間、それまで活発に発言していた児童たちが静まり返った。この静寂こそ、児童たちの性的マイノリティに対するスティグマ化されたイメージが揺さぶられた瞬間であったと言えるだろう。しかし、その後、ゲストティーチャーと出会い話を聞く場面では、再び活発に質問や意見を述べる姿が見られた。児童

★8　新しい知識を覚えることよりも自分自身の問題として考えることを重視し、性を考えるための要素を三つに絞った。しかし、授業のねらいや児童生徒の習熟度に応じて性表現や性別役割などの要素を加えて説明してもよいと考える。

★9　保守派はジェンダーが生まれつきのもので科学的根拠があると主張するが、生物人類学者の瀬口典子によれば、そうした言説に科学的な根拠はないという。「生物学的な性の決定は単純ではな」く、「性は単純にふたつには分けられない」としている［瀬口、二〇〇六、三二一―三二三頁］。

★10　スケールに自身の性のあり方を記入することに抵抗がある児童生徒もいる。記入を強制しないなど、プライバシーへの配慮が必要であると考える。

写真 8-1　自らの性のあり方を子どもたちに説明する教員たち

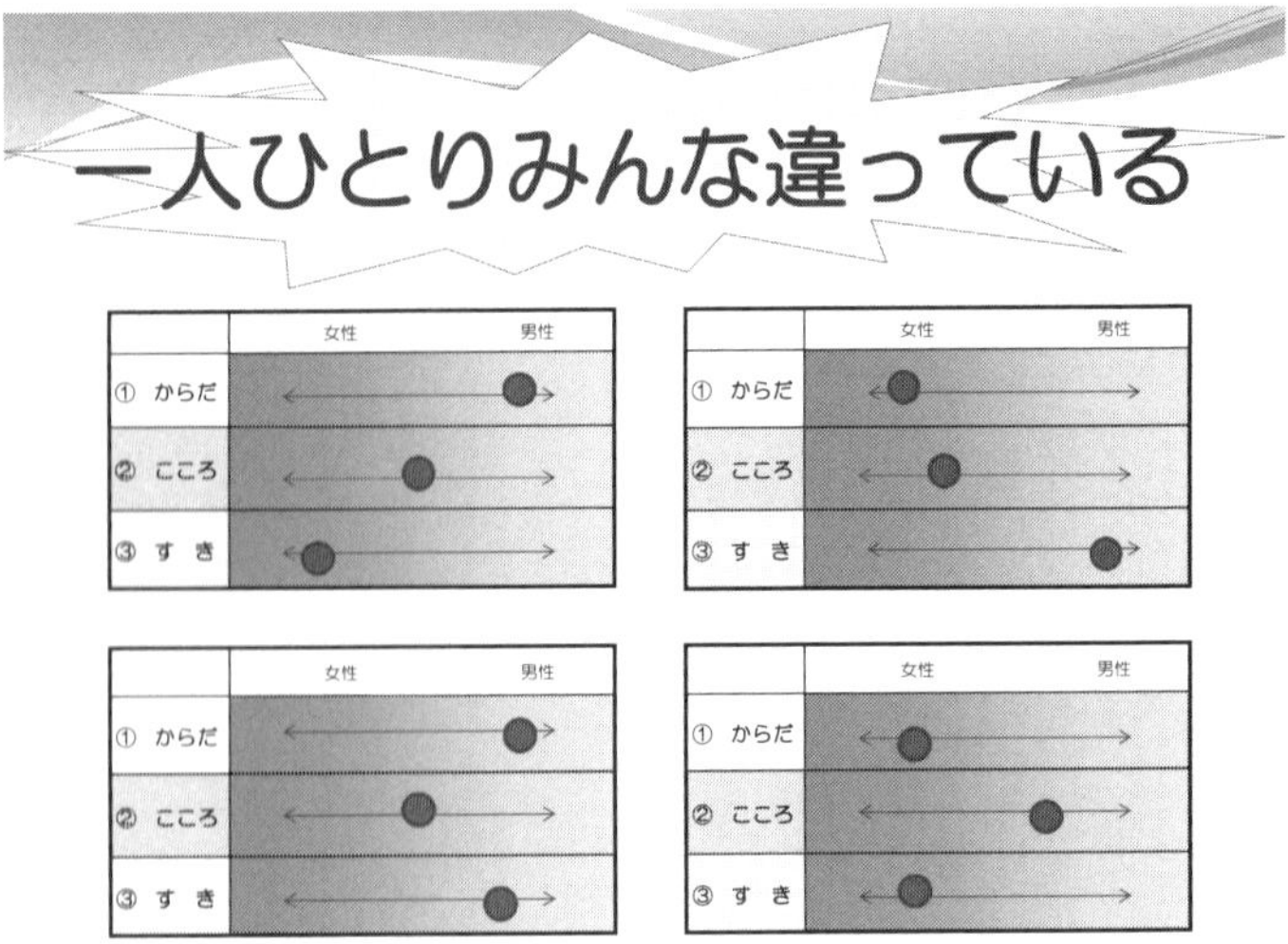

図 8-2　授業中に子どもたちに提示したスライド（例）

からは、「同性が好きだということを、周りの人に言うことは怖くないのですか」といった率直な質問が投げかけられた。これに対して、ゲストティーチャーが「子どものころは怖かったですが、今は怖くありません。自分に嘘をついて生きることの方がよっぽど怖いことだと思います」と返答し、学びが深められた。

資料８―８　授業中に子どもたちから出されたホモやオカマという言葉から連想する事柄

「ホモ」や「オカマ」という言葉から連想するもの
オネエキャラ／マツコ・デラックス／心は男でも体は女／オカマって聞いたら気持ち悪い／男の人が女の恰好をしたり、女のひとが男の恰好をしたりする／男なのに女みたいな口調の人／変だし気持ち悪いと思う／特別な人／声がでかい人／周りの人に笑われている／いじめられているからかわいそう／怖いイメージ／差別されている／おかしい／馬鹿にされている人

ワークシートに書かれた授業の感想には「同性を好きになってもおかしいことではないとわかったのでよかった」「いろんな性を持った人が身近にいることを知りました。そういう人を否定せず、いろいろな角度から見ていきたい」「みんな一人一人ちがう心の性や体の性や好きになる性をもっていることがわかりました」「「オカマ」という言葉を遊びで使っていたけれ

ど、そういう言葉で傷つく人がいることを知った。注意できるようになりたい」などの感想がみられた（資料8―8）。

資料8―8　児童の感想（ワークシートから）

授業のまとめで児童がワークシートに書いた内容（抜粋）

・私は、男まさりだとかお兄ちゃんとかに言われたり、間違えられたりしたけど、眞野先生や他の先生の話を聞き、それは別に悪いことではないんだなと思いました。
・性というのは、男と女だけではなく、人それぞれ違いはあると思いました。
・人それぞれちがう性をもっていることを学びました。
・みんな一人一人ちがう心の性や体の性や好きになる性をもっていることがわかりました。
・自分は好きになる性はわからないけれど、心の性は少し（女性側に）ずらしたのは、他のことはだいたい適当だけど、鶴を折るときは几帳面だから、すこし女性よりにしました。
・同性を好きになってもおかしいことではないとわかったのでよかった。
・いろんな性を持った人が身近にいることを知りました。そういう人を否定せず、いろいろな角度から見ていきたい。
・「オカマ」という言葉を遊びで使っていたけれど、そういう言葉で傷つく人がいることを知った。注意できるようになりたい。

このうち「同性を好きになってもおかしいことではない」という気づきは、他者が同性を好きになった場合だけではなく、自分が同性を好きになったとしてもおかしいことではないということへの気づきでもあると言えるかもしれない。また、性的マイノリティを傷つける言葉を使っている友人に対して「注意できるようになりたい」という記述は、差別をなくすためには、自らが行動しなければならないことに児童が気づいたことを示していると考えられる。★11

３　成果と課題

本章では、クィア・スタディーズの理論やクィア・ペダゴジーの理論をふまえて、多様な性の視点でつくる教育に求められるものは何かを検討した。その結果、性の多様性を前提とした教育を実現するためには、①ジェンダー規範や異性愛規範を解体すること、②既存の知識や常

★11　授業後、授業を受けた六学年の児童が、「オカマ」とふざけて発言した低学年の児童に対して注意をする場面が実際にあったという報告を当該学校の教員から受けた。

識を再考すること、③多様性や流動性を歓迎すること、④性的マイノリティだけでなく、性的マジョリティを対象とすること、⑤固定したカテゴリーを解体することの五つの要素が不可欠であることを確認した。

性の多様性を教える授業実践の検討では、中学校における作文を用いた授業と、小学校における性のグラデーションモデルなどを活用した授業の二つの事例を検討した結果、中学校における作文を用いた授業では、あえて「同性愛」という言葉を授業の中で示すことによって、同性愛嫌悪を意識化させることができた。しかし、一方で、性的マイノリティに対する差別の問題について、主体的に自分の問題として考えるためには、作文を読むだけでは限界があることも示された。作文を読み解釈するという一方向の学びではなく、学習課題を自分の問題として主体的に考え、自分自身の置かれた状況を顧みるような学習の手立てが必要である。

そうした反省に基づき小学校で行なった授業では、性のグラデーションというスケールを用いたことで、自分の性のあり方を「多様な性の一つ」としてとらえることが可能になった。性に対するこうしたとらえ方は、私たちが「性的マイノリティ」と言うとき、前提としている性的マジョリティ／性的マイノリティといった区分には、何ら実体がないということに気づかせてくれる。このような考え方は、多数派／少数派といった差別の前提となる構図そのものを無効にさせる効果がある。

また、子どもたちの多くは、性的マイノリティの存在を特別な存在だと考えており、身近な存在とは考えていない。そのため、実際にいる当事者の姿を子どもたちに示すことが必要である。今回検討した小学校の授業では、誰もが知っている有名人の中にも、同性愛を公言している人がいて、異性愛者と何ら変わらない普通の人間であることを示した。さらに、当事者をゲストティーチャーとして授業に招くことで、性的マイノリティが特別な人ではないということをより実感させようとした。しかし、有名人は身近な人間とは言えないし、ゲストティーチャーもあくまでゲストであって、子どもたちにとっては身近な存在ではない。また、俳優やオリンピック選手などの有名人の中に当事者がいることを示すことは、性的マイノリティに対する否定的なイメージを覆す代わりに、特殊な能力を持たない当事者への差別を許したり、隠蔽したりする可能性もある。そのような意味では、どのようなモデルを提示するかについては慎重な検討が必要であるが、検討した授業ではこの点が不十分であり、考えていかなくてはいけない課題の一つである。

しかし、性が多様であることを身近に感じてもらうために、小学校の授業では、普段子どもたちが接している教員たちに自らの性のあり方を性のグラデーション・スケールを用いて説明してもらった。身近な複数の教員が、それぞれ異なる性のあり方を示したことにより、児童は、性には多様性があるということをより身近に感じることができたのではないだろうか。

また、ゲストティーチャーを授業に招くことは有効な手立てではあるものの、そうした授業を毎回することは難しい。そのため現実的には、読み物やＤＶＤなどの視聴覚教材に頼らざるを得ない場合が多いと考えられる。したがって、ゲストティーチャーを呼べない場合にも、一定の効果が得られる教材や指導方法の開発が必要である。

さらに、性のグラデーション・スケールそのものにも課題はある。性のあり方に対する考え方を大きく転換させ、差別の前提となるマジョリティ／マイノリティの区分を無効にする上で効果的であるが、このスケールは「平均的な男女」をその両極に置いているという点において、性別二元論の枠組みを出てはいない。したがって、性のあり方を説明するスケールやモデルについて、今後さらに洗練させていくことが必要である。

また、小学校の授業では、普段子どもたちが接している教員たちに自らの性のあり方を説明してもらったが、この方法は性が多様であることを理解する上で、効果的な方法ではあるものの、教員の中には自らのセクシュアリティを他者に説明することに抵抗がある教員もいる。異性愛が当たり前とされる社会において、セクシュアリティは、自ら説明をしない限りは、異性愛かつシスジェンダー[★12]とみなされる。したがって、実際には誰しもがクローゼットの中で生活していると言うこともできる。中には、こうした授業で初めて、自分のセクシュアリティと向き合うことになる教員もいるだろう。そのとき、人に説明をすることに躊躇する教員がいることは当然のことである。したがって、たとえ授業のためであっても、自らのセクシュアリティを説明することについて他の教員に協力を求める場合は、事前に十分な打合せをするとともにプライバシーへの配慮が必要であって、当然のことながら強制されることがあってはならない。

一方で、知識の不足から、性の多様性について子どもに教えることを躊躇する教員も多い。異性愛規範やジェンダー規範は、子どもたちの生活の中のあらゆるところに偏在することから、差別的な事象はいつどこで起こるかわからない。にもかかわらず、教員が適切な知識と理解を持っていなければ、適切な指導などできるはずがない。したがって、性の多様性理解のための教職員研修も重要な課題である。

最後に、今回検討した二つの授業はいずれも「道徳」であったが、多様な教科・領域における性の多様性に関する扱い方について検討することも今後の課題である。

★12　生まれたときに診断された身体的性別と性自認が一致している状態の人を指す言葉。トランスジェンダーの対義語として用いられるようになった比較的新しい言葉である。

第9章 教職員の意識を変える研修

学校教育において多様な性のあり方を尊重し、性的指向や性自認による差別のない学習環境を保障することや、多様な性についての学習機会を保障することは、今日的に重要な課題である。しかし、現在の日本の学校では、教職員の側も性の多様性についての学習機会が十分に保障されているわけではなく、性の多様性について理解が不十分な教職員も多い。第3章で述べた通り、教職員を対象に行なったアンケート調査でも、教員たちが性的マイノリティや性の多様性についてさまざまな誤解をしている実態が明らかになった。[★1] したがって、教員たちに向けた性の多様性に関する研修機会の確保と、具体的な研修内容の検討が必要である。そこで、この章では、私が九州地方で行なってきた教職員研修の実践例を取り上げ、教員に対する性の多様性への理解を促す研修の内容と方法について検討する。

1　性の多様性に関する教職員研修の要請

はじめに、性の多様性に関する教職員研修が求められる背景を確認していく。文部科学省は、二〇一五年四月三〇日に全国の都道府県教育委員会など宛に出した通達「性同一性障害に係る児童生徒に対するきめ細かな対応の実施等について」の中で、「これらについては、『自殺総合対策大綱』（平成二四年八月二八日閣議決定）をふまえ、教職員の適切な理解を促進することが必要です」と記している〔文部科学省、二〇一五〕。『自殺総合対策大綱』とは、政府が自殺対策基本法に基づき作成しているもので、二〇一二年の改訂で初めて、性的マイノリティに関する記述を盛り込むとともに、教職員に対する普及啓発の方針を明らかにした。以下は、その記述内容である。

（2）教職員に対する普及啓発等の実施

児童生徒と日々接している学級担任、養護教諭等の教職員や、学生相談に関わる大学等の教職員に対し、自殺の危険性の高い児童生徒等に気づいたときの対応方法などについて普及啓発を実施するため、研修に資する教材の作成・配布などにより取組の支援を行う。

自殺者の遺児に対するケアも含め教育相談を担当する教職員の資質向上のための研修等を実施する。また、自殺念慮の割合等が高いことが指摘されている性的マイノリティについて、無理解や偏見等がその背景にある社会的要因の一つであると捉えて、教職員の理解を促進する。★2

この中で政府は、性的マイノリティの「自殺念慮の割合等が高いこと」を指摘し、その背景に、「無理解や偏見等」があるととらえて、「教職員の理解を促進する」という方針を打ち出している。こうした指針によって具体的に増えてきたのが、教職員を対象とした研修の実施であ

★1　この調査では、約五〇〇人（N＝四八二）の教職員から回答を得た。その結果、九割以上の教職員が性的マイノリティ全体に占める性同一性障害の割合を実際よりもはるかに多く存在していると誤認し、約四割の教職員は性的マイノリティと少子化との間に因果関係があると考えていることがわかった。詳しくは［眞野、二〇一八］を参照。

る。とくに、最近では「教育職員免許状更新講習」の科目として、「性的マイノリティの理解」といった名目の授業を行なう大学も増えている。

このように、教職員に対する研修の中で、性的マイノリティあるいは性の多様性に関する内容が盛りこまれるようになった背景には、性的マイノリティが社会の中で可視化し、性的マイノリティの置かれた被差別の状況が明らかになってきたことがあると言える。とくに、そうした差別や偏見に起因する自殺念慮の高さは、政府も無視できないほど深刻であり、性的マイノリティの問題が命にかかわり得る大きな問題として、社会的にクローズアップされるようになってきたと言える。

2　性の多様性に関する教職員研修

(1) 教職員研修の概要

ここからは、私がこれまでに実施した研修を例に、教職員へ向けた「多様な性」に関する研修の内容について検討する。

資料9―1および資料9―2は、私が二〇一六年に福岡県内の教職員を対象に実施した職員研修の配布資料である。この研修は、基本的に九〇分の時間で行なう内容である。私がこの研修で目指したのは、性の多様性について、教員が自分自身の問題として主体的に考えることができるようになることである。さらに、自明視されている性的マイノリティ／性的マジョリティという区分それ自体を問い直し、差別の前提となる権力関係を揺さぶることを目指した。また、教員の多くは、性的マイノリティの子どもに対して、どのような支援や指導をすればよいのかといった疑問や悩みを抱えている。しかし、このような個別的支援の枠組みでこの問題をとらえようとするだけでは、社会的な問題である「差別」や「偏見」そのものに切り込むことができない。そのため、性的マイノリティの問題は社会の問題であるということを理解してもらうために、私が公立学校で行なった事例を研修の中に組み込んだ。このようなねらいのもとで具体的には、①基礎知識「性はグラデーション」、②性的マイノリティと学校教育、③私のライフストーリー、④事例報告、⑤性的マイノリティへの差別をなくす一〇か条の五つのセクションで内容を構成した。次に、これらの研修の中身をいくつか取り上げて解説していく。

★２　『自殺総合対策大綱～誰も自殺に追い込まれることのない社会の実現を目指して～（平成二四年八月二八日閣議決定）』（二〇二〇年一〇月一日確認）。https://www.mhlw.go.jp/file/06-Seisakujouhou-12200000-Shakaiengokyokushougaihokenfukushibu/honbun.pdf

資料 9-1　配布資料（1 ページ目）

第○回　○○地区人権・同和教育夏期講座　　　　　　　　　　　　2016 年○月○日（○）

性はグラデーション　―多様な“私たちの性”と人権―

眞野　豊
NPO 法人 LGBT の家族と友人をつなぐ会
九州大学大学院地球社会統合科学府

1　基礎知識「性はグラデーション」

（1）性を 3 つの要素で理解しよう

①体の性（Sex・生物学的性別）
②心の性（Gender Identity・性自認）
③好きになる性（Sexual Orientation・性的指向）

※性的指向及び性自認をまとめて「SOGI」と表記することもある。

（2）　あなたの「性」もグラデーションの中のひとつ

※　両極にある「女性」及び「男性」は本質的なものではなく、とりあえずの仮定とする。

	女性　　　　　　　　　男性
①　体の性	←――――――――――――→
②　心の性	←――――――――――――→
③　好きになる性	←――――――――――――→

（3）　性的マイノリティの人口

日本人の人口の 7.6%　［電通　2015］

（4）　性的マイノリティを表す言葉

（5）　性同一性障害（GID）について

（6）　性的マイノリティをとりまく世界の状況

※　1990 年　5 月 17 日・・・WHO が精神疾患のリストから同性愛を除外
5 月 17 日は、国際反ホモフォビア・反トランスフォビアの日

2　性的マイノリティと学校教育

（1）　性的マイノリティの子どもの実態

（2）　教育課程・教材の中の「異性愛規範」

（3）　文部科学省の通知

資料9-2　配布資料（2ページ目）

3　私のライフ・ストーリー

保育園　小学校　中学校　高校　大学・大学院　教員

●一人称の混乱　●言葉によるいじめ　●チャイルド　●職場でカムアウト
●友達は女の子　●孤立　・ラインへ電話　●レインボーマーチ札幌
●誰にも言えない秘密　●ゲイ・スタディーズ

※　セクシュアル･マイノリティの子どもが抱える５つの困難

① **自己受容の困難**・・・当事者自身も自己否定に陥る。自尊感情の低下は自死へつながりかねない。
② **自己開示の困難**・・・いじめを恐れ、自己開示ができないため、孤立へ。
③ **自己イメージの困難**・・・性的マイノリティの肯定的なロールモデルがない。
④ **事故回避の困難**・・・いじめなどの突発的な事故を避けることができない。
⑤ **情報アクセスの困難**・・・性的マイノリティを肯定する情報、正しい情報が少ない。

4　事例報告
※　支援のポイント

①環境作り　②肯定的受容　③正しい情報の提供　④周りの生徒への指導

5　性的マイノリティへの差別をなくす“１０ヶ条”

① 性はグラデーションである。
② 教室・職員室・職場・家庭に性的マイノリティがいます。
③ 性の多様性を前提とした環境（学校図書・掲示物）作り。
④ 性的マイノリティを否定する言動をしない。
⑤ 正確な情報を知ること。
⑥ 性的マイノリティに関する話題を秘匿化しない。
⑦ 性的マイノリティに対する差別や偏見は　「社会の問題」。
⑧ 学校・職場で“性の多様性”理解について研修を行いましょう。
⑨ 保護者・地域への啓発。
⑩ 当事者探しはしない。

＜参考文献＞
小宮明彦　2001　「同性愛の子どもの実態に関する覚え書き」『学術研究―教育・社会教育・体育学編―』第 49 号　pp. 87-104.
杉山貴士　2006　「性的違和を抱える高校生の自己形成過程―学校文化の持つジェンダー規範・同性愛嫌悪再生産の視点から―」『技術マネジメント研究』第 5 号　pp. 67-79.
電通　2015　「電通ダイバーシティ・ラボが『LGBT 調査 2015』を実施―LGBT 市場規模を約 5.9 兆円と算出―」『dentsu NEWS RELEASE』
http://www.dentsu.co.jp/news/release/pdf-cms/2015041-0423.pdf

私が性の多様性を理解するための基礎知識の中でもっとも大切にしてきたのが、性をグラデーションでとらえる考え方である。性には、文化的な側面、生物学的な側面、性愛という側面、法的側面などさまざま要素が含まれる。ここでは、図9—1のように、性を構成する様々な要素のうち、身体的側面、心理的側面、性愛の三つの要素にしぼって性を説明した。なお、ここでは、児童生徒に説明する場面を想定して、身体的な性を「体の性」、心理的な性を「心の性」、性愛を「好きになる性」と表記した。また、それぞれの性も、男女にはっきりと二分できるものではなく、連続性のあるものであることを、図9—1のように段階的な色の変化（グラデーション）で表現した。

ジュディス・バトラーは、『ジェンダー・トラブル』の中で「実際セックスは、定義から言っても、これまでずっとジェンダーだった」と述べた[Butler, 1990=1999 : 31]。セックスはジェンダーであるというバトラーの主張には、生物学的な性差を自明のものと考える自然科学の立場からの反発もあるが、自然科学がオスやメスを認識するとき、その認識枠組みは、すでにジェンダー・システムから自由であるとは言えない。研修では、セックス＝身体的な性にも多様性が

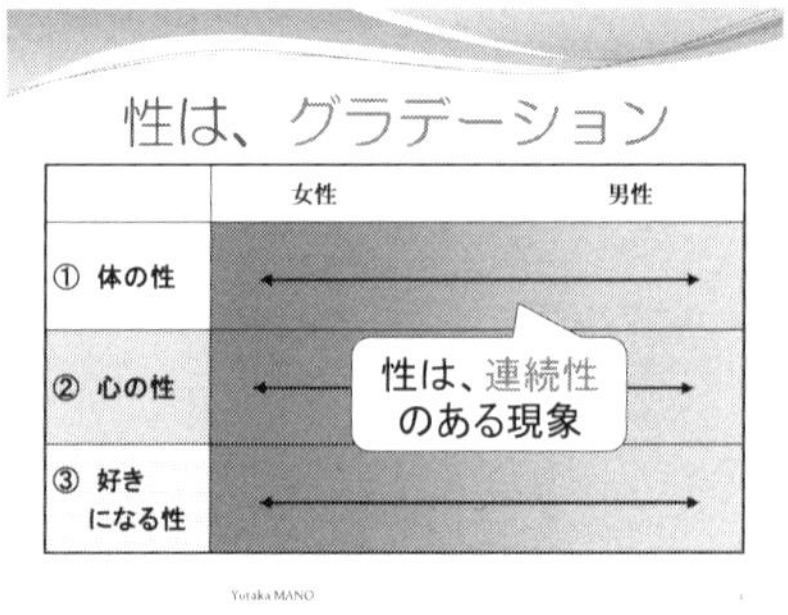

図 9-1　性は、連続性のある現象

存在することを、性器の特徴、性染色体[★3]、性ホルモンなどから説明した。これらの生物学的な多様性が個体差となって現れるので、身体的な性であっても単純に男女に分けられるものではないということを確認した。

一般に、性同一性障害を説明するとき、「心の性」という用語を用いることがある［野宮ほか、二〇一二、二〇頁］。しかし、そのとき用いられる「心の性」は、そう単純に理解できるものではない（図9―2）。例えば、受講者に「あなたの心の性は？」と尋ねると、自信をもって答えられない、あるいは、わからないと答える者が多い。あらためて心について性別を問われたとき、返答に困ることはめずらしいことではない。自分自身の性に対する認識を性自認と言うが、自分自身

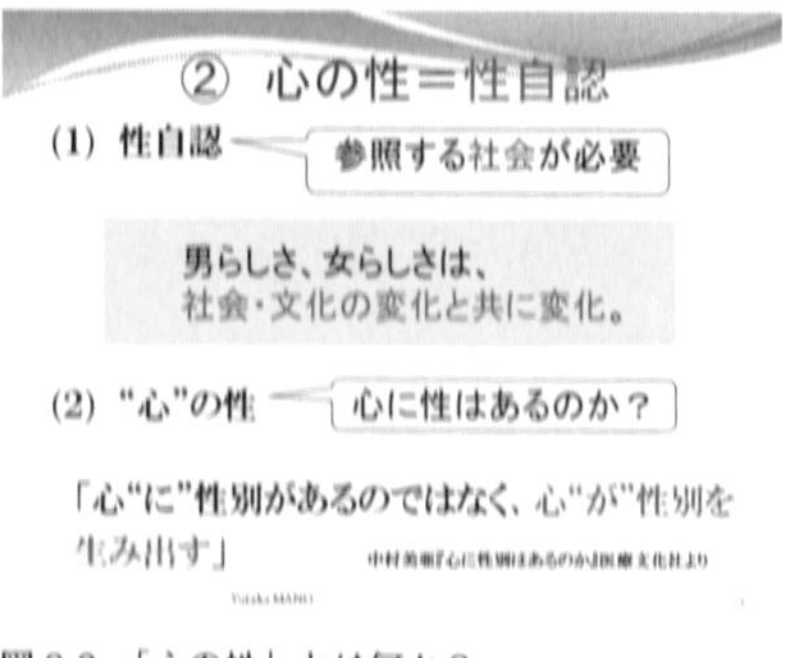

図 9-2 「心の性」とは何か？

★3　性染色体にはＸＸやＸＹ以外の組み合わせとして、ＸＸＹやＸＸＸＹなどの組み合わせも存在する［山内、二〇〇〇、四六―四九頁］。

を「男性」や「女性」と認識するとき、その根拠となる「ものさし」があらためて必要になる。しかし、男らしさや女らしさには、定式化された基準は存在しない。そのような基準は、「社会の中になんとなくあるだけ」だからである。なんとなく存在する基準も、社会の変化とともに変わってくる。このように、考えると「心の性」という言い方そのものに疑義が生じてくる。中村美亜は、「心に性別はあるのか」という問いに、その答えは「ノー」であると明確に述べている。より丁寧に答えるならば、「心〝に〟性別があるのではなく、心〝が〟性別を生み出す」ということになる〔中村、二〇〇五、九六頁〕。心が性別を生みだすという言い方を中村は「ジェンダー・クリエイティヴ」という言葉でも表現している〔中村、二〇〇四〕。既存の男らしさや女らしさに自分を合わせようと努力するよりも、個々が自分らしい姿、自分の形を創造していけばよいのである。

「好きになる性」は、性的指向を平易な言葉で表した比較的新しい言葉であり、もともとは「Sexual Orientation」という言葉である。この言葉は、性的な嗜好（Sexual Preferences）とは区別され、基本的に自分の意思による変更や選択ができないことから、「性的志向」という訳語も不適切である。異性愛が当たり前ではなく、同性愛、両性愛、無性愛（Asexuality）など性的指向にも様々なバリエーションがあることを説明した。

このように、自分自身の性のあり方について、身体、心、好きになる対象といった三つの側面から考えるように促した。すると性のあり方は、指紋のように一人一人異なるということに気づくことができる。したがって、一人一人の性のあり方というのは、多様な性のグラデーションの一つにすぎないと考えることができるようになる。性をグラデーションとして考えることの最も優れた点は、私たちが性的マイノリティと言うとき、前提としている「性的マイノリティ／性的マジョリティ」の区分を乗り越える場面を提供し、無効にできることにある。これにより、差別の前提となっている性的マイノリティ／性的マジョリティといった構造そのものを問い直すことができる。

一方、身近には性的マイノリティがいないと認識している受講者にとって、性的マイノリティが身近にいることを示す推計値を知ることも重要であると考える。そのため研修では、性的マイノリティの推計値を紹介した。国内の調査では日本の人口の約三〜八％が性的マイノリティであると推計されており［電通、二〇一五：国立社会保障・人口問題研究所、二〇一九］、受講者の身近に性的マイノリティはいるはずである。しかし、異性愛が前提とされ、ジェンダー規範的な社会においては、性的マイノリティの多くは身を守るために自らのセクシュアリティを秘匿していている場合が多い。そのため、性的マイノリティの存在は一般には見え難く、身近には存在しないと考える人が多いのも事実である。

私が行なったアンケート調査でも、多くの教職員が性的マイノリティのうち二〇％〜五〇％

が性同一性障害であると誤認していた（第3章を参照）。そこで研修では、国内の性的マイノリティ全体の推計値、およびそのうち性同一性障害の推計値を提示した（図9―3）。国内の性的マイノリティの推計値［電通、二〇一五：池田、二〇一三］を参考に、性的マイノリティ全体に占める性同一性障害の割合を考えると、一％に満たないことになる。性同一性障害とは、性別適合手術を含めた様々な治療を前提とした医学的な診断名である。性的マイノリティの二〇％や五〇％が性同一性障害であるという誤った認識は、治療の必要のない当事者に治療を前提とした間違った支援がなされる危険性を高めることにつながる。性的マイノリティ＝性同一性障害といった決めつけは、誤った治療が当事者の身体に大きな負担としてのしかかるだけではなく、当事者の児童生徒から多様な生き方を選択する自由を奪う恐れがある。

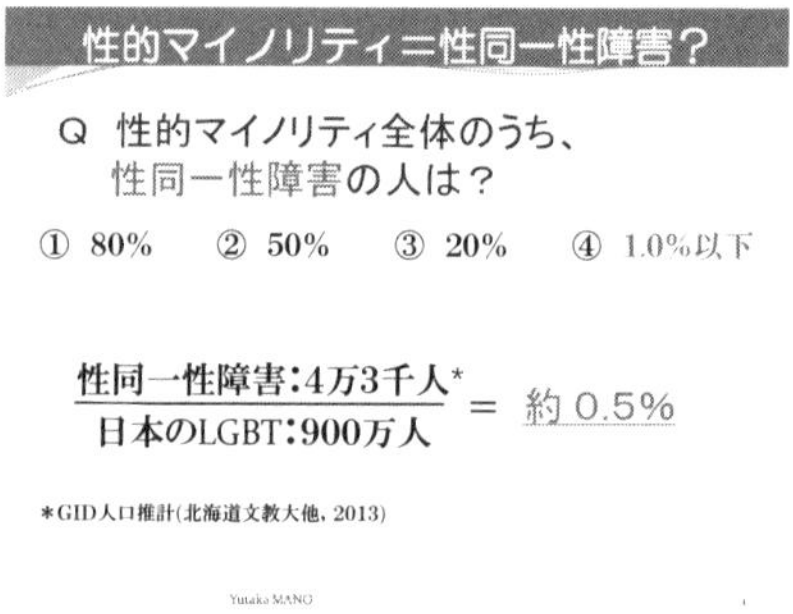

性的マイノリティ＝性同一性障害？
Q 性的マイノリティ全体のうち、
性同一性障害の人は？
① 80%　② 50%　③ 20%　④ 1.0%以下
性同一性障害：4万3千人* / 日本のLGBT：900万人 ＝ 約 0.5%
＊GID人口推計（北海道文教大他, 2013）
Yutaka MANO

図9-3　性的マイノリティ全体に占める性同一障害の割合

研修では、性的マイノリティを表す言葉について考える時間も設定した。レズビアン、ゲイ、バイセクシュアル、トランスジェンダーなどを「LGBT」と書き表すことが増えてきたが、これまで性的マイノリティは様々な言葉で言い表されてきた。「ホモ」「レズ」「オカマ」「オナベ」……。このような語が持つ差別的な印象を拭い去るために、新しい呼び方が作られてきた。日本でもホモやオカマに代わって、ゲイという語が用いられることが多くなったが、それによって差別がなくなったわけではない。学校ではすでに、「ゲイ」という言葉が、いじめやからかいのための道具として使われている。言葉を変えたとしても、差別との「いたちごっこ」になってしまうのである。受講者の中には、ＬＧＢＴなどの言葉の理解が大切だと考える者が少なくないが、大切なのは言葉そのものではない。性的マイノリティに対する差別や偏見そのものが問題なのであって、私たちの認識や考え方そのものが変わらなければ意味がないことを研修では強調した。

また、教育現場の教員たちは、性的マイノリティの子どもに対する対応の仕方や具体的な支援の方法についての情報を求めているため、研修では私が行なった当事者支援の事例について紹介した。性的マイノリティが抱える問題を当事者固有の問題としてとらえる「個別的支援」の枠組みだけでは、性的マイノリティに対する「差別」や「偏見」そのものを解決することはできない。したがって、性的マイノリティに対する支援は、周りの生徒への働きかけをなしには成立しえない。このことを理解してもらうために、私が公立学校で行なった事例（第４章を参照）を取り上げて説明をした。

最後に、研修のまとめとして、次のような「性的マイノリティへの差別をなくす〝一〇か条〟」

を提示した。★4

①　性はグラデーションである

　性のあり方は一人一人異なり、男性／女性と単純に二分できるものではなく、グラデーションのように連続的なものであると考えることが大切である。たとえ「異性愛者」とされる人であっても、性のあり方は一人一人微妙に異なる。

②　教室・職員室・職場・家庭に性的マイノリティがいる

　性的マイノリティはどこにでもいる可能性がある。教室だけではなく、職員室にも性的マイノリティはいる。性的マイノリティ当事者が不可視化された教師集団は、隠れたカリキュラムとして、性的マイノリティに対するネガティヴな印象を与えることになるが、多様な教員が尊重されている教師集団は、子どもたちに多様性の尊重とロールモデルとを自然な形で教えることが可能となる。

③　性の多様性を前提とした環境作り

　学校では、掲示物や図書など様々な方法で性の多様性を肯定する環境をつくることが可能である。また、教員も環境の一つであり、教員が普段から性の多様性を前提とした言動をすることが大切である。

④　性的マイノリティを否定する言動をしない

むしろ、性的マイノリティを肯定する言動を増やすことが重要である。子どもたちはそうした教員の言動から、性の多様性について学ぶことができる。また、性の多様性を肯定する言動は、当事者の子どもが自己肯定感を育むためにも重要である。

⑤　正確な情報を知ること

性的マイノリティに対する誤った情報は、差別を助長する要因の一つである。正確な情報を知ることが、差別を無くすためには必要である。当事者、非当事者にかかわらず、すべての子どもに対して、性の多様性についての学びが保障されるべきである。性の多様性

★4　これらの研修を実施した二〇一六年の時点では一〇か条を提示していたが、現在は「性的指向および性自認は人権である」を加えて一一か条を提示している。

について の学びを保障するためには、授業の中で性の多様性について教えることが必要である。

⑥ 性的マイノリティに関する話題を秘匿化しない

性的マイノリティに関する話題をタブーとすることが、誤った認識や偏見を助長してきた。秘匿化するのではなく、積極的に議論することが必要であり、学校では、授業の場で議論することが大切である。

⑦ 性的マイノリティに対する差別や偏見は「社会の問題」

性的マイノリティが抱える問題は、差別問題であって、当事者個人で解決できるようなものではない。当事者個人ではなく、社会を問題化し、問い直すアプローチが必要である。

⑧ 学校・職場で〝性の多様性〟理解について研修を行ないましょう

このような学習は一回で終わらせるのではなく、継続して学び、その都度、自分自身の差別性や偏見に向き合うことが大切である。受講者には、自らが務める学校や職場で性の多様性を理解するための研修を継続して行なうことを進めるようにしている。

⑨　保護者・地域への啓発

保護者・地域への啓発も重要である。子どもは、他人からの差別は比較的回避しやすいが、同居する家族、親からの差別を回避することは非常に難しい。したがって、保護者や地域の人々への啓発も大切である。

⑩　当事者探しはしない

このような研修を受けた後、当事者の児童生徒を探し出そうとする教員がいるが、そのような当事者探しは、するべきではない。当事者探しは、当事者であることを秘匿している児童生徒にとっては暴力となり、場合によっては当事者の子どもを自死に追いやる可能性もある。

必要なのは、当事者が誰であるかを特定することなどではない。教室で飛び交う、性的マイノリティを否定する言動、差別的な言動を見つけ、それが繰り返されることのないように、指導することが必要なのである。

（2）受講者の反応

研修の受講者には、自由記述の事後アンケートを書いてもらった。得られたアンケートの記述内容は多岐にわたった。これらの記述内容を分析するために、ＫＪ法を用いて記述内容の類型化をした。その結果、受講者の感想には、①自らの教育実践を見直したい、②知識が足りない、③自分自身の性のあり方についてとらえ直した、④自分の身近（受け持つ児童生徒）にも当事者がいる／いた、⑤他の差別問題との共通点に気づいた、⑥周りの生徒への対応が大事である、⑦生物学的には子孫を残すことが大切であるという七つの類型が見えてきた。以下に、これらの類型とそれぞれに見られた例を示した。

① 自らの教育実践を見直したい

・日々、子どもと関わる中で、自分の中で男／女と自然に分けてしまっているなあと振り返ることができました。このような大人の見方は、差別につながることであると再認識しました。

・体の性、心の性、好きになる性など、今まで深く考えたことはありませんでした。多様な性について自分がしっかり考え、子どもたちが多様な性について考えられるような教育をしていくことが大切だと思いました。

・普段、何気なくしている発言や行動により、性的マイノリティの当事者の自己否定や自尊感情の低下につながるということは、教員として常に肝に銘じておかなくてはならないと思いました。大人である私たちが正しい知識を身に着け、否定的な見方をしないことが差別を無くす第一歩になるかと思います。

・事前のアンケートでは、性の多様性については中学生から教えるべきだと答えましたが、この研修を通して、それでは遅いということがわかりました。小学校の段階から必要な指導を行ないたいと思います。

自由記述で最も多く見られたのが、自らのこれまでの教育実践を見直したいというものであった。受講者の多くが、自分の中にある異性愛規範やジェンダー規範の存在についてあらためて気づいたという趣旨の感想を記載していた。そうした気づきによって、教育者としての自らの発言や行動をあらためて見直したいという記述が多く見られた。

また、受講前は、性の多様性について教えるのは中学校以降でよいと考えていたが、受講後は、小学校の低学年の段階から適切な指導が必要であることに気づいたという記述も多かった。教員が自らの差別性と向き合い、新たな気づきや学んだことを教育実践に活かそうとしている姿勢が見られたことから、この研修には一定の成果があったと言えるかもしれない。

② 知識が足りない

・今日のテーマについて子どもから質問を受けたら私は答えられないだろうと思いました。だから、もっと知らなくてはいけないと危機感を覚えました。

・知らないことは罪だと思いました。今まで、知ろうとしていなかった自分がいたことも反省したいと思います。

・私は今まで、男と女しかいないと思ってきましたし、そう子どもたちに教えてきました。それを当たり前と考えてきました。もしかすると、いままで出会った子どもたちの中にも当事者がいたかもしれないと反省しました。自分や周りの人の見方や考え方を変えていけるようもっと学習していきたい。

自分がいかに性の多様性に関して無知であったかを振り返る記述も多かった。そうした知識の不足により、現段階では指導する自信がまだないという記述もあり、このような研修を継続して行なう必要性がある。

③ 自分自身の性のあり方についてのとらえ直した

・はじめはマイノリティの人たちのことを知ろうと思っていましたが、グラデーションの表を使って、自分のセクシュアリティを考えると、私たちの性もグラデーションの中の一つであり、そもそもマイノリティ、マジョリティではないと思いました。女性か男性かと聞かれれば、女性と答えますが、自分自身のセクシュアリティの位置を考えると、簡単にそうだと言い切ることが難しいと思いました。

・ジェンダー・アイデンティティという言葉についてとても考えました。一体何が男で、何が女なのか。よく考えてみると分からないなあと思いました。

・私は昔、「オレ」という一人称を使っていた時期があります。でも親から「それは女の子は使わない。はしたない」と言われたのを覚えています。その後、オレと言うことはなくなりましたが、モヤモヤした気持ちは覚えています。自分の性は、女性／男性と決めずに、中間であってもいいんだよと、言ってくれる大人は当時いませんでした。誰にも言えなかったと言った方が正しいかもしれません。

・私は今は大切な妻がいますが、初恋は男性でした。そのときは、周りは異性を好きになるのが普通でしたので、必死に隠していました。もし、あのころ学校で、同性を好きになってもおかしいことではないと習っていたら、カミングアウトできたと思います。

自分自身の性のあり方について、とらえ直している記述も多かった。「性の多様性」の問題を、性的マイノリティの問題ととらえている限り、自らを性的マジョリティと考えて疑わない学習者が、性の多様性を自分の問題として考えることはできない。それは、子どもであろうと大人（教員）であろうと同じである。また、中には自分自身のセクシュアリティのカミングアウトともとれる内容もあった。

④ 自分の身近（受け持つ児童・生徒）にも当事者がいる／いた

・以前、教えていた生徒に性的マイノリティと思われる子どもがいました。高校の時、生徒指導の先生の不適切な指導によって、退学することになりました。私自身も勉強不足でしたので、もっと早くからこのテーマで勉強できていたらと後悔しています。

・以前勤務した学校に性同一性障害の女子がいました。一〇年前のことです。自分自身やっとこうやって、研修を受ける日が来たと思いました。教員ですらこういう研修を受けるのが初めてなのですから、世の中に広めるには時間がかかると思いますが、自分にできることから始めたいと思います。

現在受け持っている子どもの中に、性的マイノリティと思われる子どもがいるという記述や、過去にそう思われる子どもがいたという記述も少なくなかった。そのことから、最近では学校でカミングアウトしている当事者の子どもが（多くはないが）いることがわかった。また、過去に当事者と思われる子どもがいたが、適切な支援ができなかったことを悔やむ記述もあった。

⑤　他の差別問題との共通点に気づいた

・私は部落差別などの差別問題にこれまで真剣に取り組んできました。多様な性と性的マイノリティに対する差別の問題も、他の差別問題と本質的に同じであることをあらためて感じました。特に、無知が差別を引き起こすため正しい知識が必要であるということや、差別は当事者ではなく、差別をする周りの問題であるということに、深く共感しました。

・差別となる事案には、いずれも共通する点がある。結局、周囲の偏った考えや認識が最大の問題であるとあらためて感じました。私が取り組んできた同和教育の現状を見れば、大きな変化を遂げるには長い時間がかかると思います。教育者としては、まずは目の前にいる子どもに向き合い、やれることをやっていきたい。

性的マイノリティに対する差別の問題と、他の差別問題との共通点に気がづいたという趣旨の記述も見られた。差別は、無知や偏見を放置することから発生するということや、差別は当事者ではなく周りの問題であるという点である。このような共通点は、日本の学校教育において蓄積されてきた人権同和教育のノウハウが、性の多様性に関する教育にも応用できる可能性を示すものでもある。

⑥ 周りの生徒への対応が大事

・性的マイノリティの子どもへの当事者支援だけではなく、周りの認識を変えることが大事だということがよくわかりました。社会が「～らしさ」をつくり上げている、本当にそうだと思いました。

・性的マイノリティの方々が置かれた現状を知ることができました。当事者のケアや配慮だけではなく、その周りの認識を変えていくことが、これから重要であり、取り組まなければならないと思いました。

性的マイノリティの子どもへの支援を考えるとき、当事者に対する個別的な支援だけでは不十分であり、周りの生徒への指導が不可欠であるという点に共感したという記述も多かった。

したがって、性的マイノリティが抱える問題は差別の問題であって、周りの生徒を視野に入れた指導を行なうことが最も大事であるという私の意図は、受講者の多くに伝わったと言える。

⑦　生物学的には子孫を残すことが大切ではないか

・世界ではいろいろな性愛、結婚形態が認められるようになってきているが、生命を受け継ぎ、将来に子孫を残していくことも大切であると思います。
・いろいろな個性がありその一つに性的マイノリティがいることはわかるし、そういう人々の人権を守らなくてはいけないこともわかる。しかし、自分の中でひっかかっているのが、そういう人も含めて人である限り、命をつないでいく義務があると思います。

自由記述のアンケートの中には、性の多様性を尊重する必要性を認めつつも、社会を維持するためには、子孫を残すことが重要であり、子孫を残さない同性愛などについて公教育で取り組むことに懸念を示す記述も、少数ではあるが見られた。性的マイノリティの人権を認めたり、学校で性の多様性について教えたりすることが少子化に結び付くとする言説である。同性間では子どもをつくることはできなくても、養子縁組などで子育てをすることは可能である。また、社会全体で見たときには、同性婚や同性パートナーシップを導入した国において、少子化が有意に進行したとするデータは存在しない。性的マイノリティと少子化とを結びつける言説に科学的な裏付けはないのである。

3　成果と課題

本章では、教職員に対する性の多様性に関する研修について、私が行なってきた事例をもとに検討をしてきた。研修の中でもっとも重要視してきたのは、性の多様性の問題を受講者が自分の問題として考えるようになるということであった。従来の人権教育や道徳教育においても、この点は大きな課題であった。一九八〇年代以降、同和教育では様々な試みがなされてきたが、そのころ中心に据えられていたテーマが「差別と自己との関わりを実感すること」〔大庭、二〇〇五、三二頁〕であった。すなわち、ある人権課題について考えるときに重要なことは、他人事として考えるのではなく、いかに主体的に自分の問題として考えることができるかということである。

そのための手立てとして、研修の中で用いたのが「性はグラデーション」という性を連続的な現象として見る考え方であった。性を男／女という単純な二分法でとらえるのではなく、また、性的マイノリティと性的マジョリティという区分けでとらえるのでもなく、「連続性のある現象」ととらえることによって、受講者は自らをも性のグラデーションの内部にいる存在として考えることができるようになる。この方法によって、それまで自らを性的マジョリティとみなしてきた受講者であっても、性の多様性の問題を自らの問題と考えることができるようになった。教員が、自らの問題として性の多様性の問題を考えることができたことで、自分の中にあった差別性や偏見について振り返ることも容易になったと考えられる。それによって、これまでの自らの教育実践を、多様な性の尊重という視点から多くの教員が振り返ることができた。

一方、研修を受けて、性の多様性を肯定するような教育を公教育で行なう必要性に気づいてもなお、知識の不足から指導する自信がない、授業を行なえるレベルではないと判断する教員も多数いた。長い間、異性愛規範やジェンダー規範を疑問視すらせずに、当たり前のものとして受け入れてきた大人にとっては、それまでの固定観念を捨てるということは簡単なことではないのも確かである。したがって、性の多様性についての学びは、継続して、発展的に、あるいは段階的に何度も学ぶ必要がある。

さらに、受講者の一部には、性的マイノリティと少子化問題を結びつけて考える者もおり、公教育で性の多様性を肯定する教育を行なうことに反対の意見を述べる者もいた。このような言説は、公教育の場で性の多様性について教えることを難しくさせるだけではなく、性的マイノリティへの差別を助長する可能性がある。したがって、わずかであっても、このような言説をそのままにせず、このような言説の問題性について教員が話し合い、議論する場も必要である。

また、研修の中で採用した性のグラデーションという考え方も完璧なものではない。性のグラデーションを考えるとき、その両極には、やはり典型的な女性や典型的な男性を措定しており、結局は男女の性別二元論の枠組みの域を出てはいない。すでに、男／女という枠組みで性を考えている者にとっては、男性および女性を両極に置いたグラデーションスケールは確かに有効である。しかし、そうした男女の枠組みが本質的なものであるととらえられてしまうと、本来の目的からずれて、ジェンダー規範を強化してしまう危険性もある。この点に配慮するため、研修では必ず、両極にある「女性」および「男性」は本質的なものではなく、とりあえずの仮定であることを伝えるようにした。最終的には、受講者自身がこのようなものさしは不要、あるいは重要ではないということに気づくようになることが理想である。

さらに、研修では、性を構成する要素として、「体の性」「心の性」「好きになる性」の三つを取り上げたが、これらの「名称」についても議論の余地があるだろう。それぞれ、生物学的な性を「体の性」、心理的な性、すなわち性自認を「心の性」、性的指向を「好きになる性」と表現しているわけだが、こうした平易な言い方は、児童生徒が覚えやすいという利点がある一方で、誤解を招くこともある。特に、「心の性」という言い回しは、心には先天的に性別が備わっているというような誤解を生む可能性がある。かといって、「性自認」では子どもに伝え難い。専門的な用語をどのような言葉に変換し、教育現場で丁寧に伝えていくのかは課題の一つである。

最後に、性の多様性に関する教職員研修の位置づけについて触れておきたい。今回は、私がこれまでに行なってきた、教職員を対象とした性の多様性に関する研修の事例を取り上げて検討を行なった。これらの研修は、教育委員会などの行政機関の依頼で行なったものもあれば、学校長の依頼や人権教育を研究する任意の団体からの依頼で行なったものもあった。これらの研修依頼は、ここ数年で急激に増えてきたものであり、一〇年前には想像もできなかった事態である。かつては、教育現場での性の多様性に関する理解が必要であるといくら訴えても、その声に賛同する教員や行政担当者は稀であった。現在のように、性の多様性に関する職員研修が頻繁に行なわれるようになった背景には、性的マイノリティの実態を明らかにしてきた先行研究の存在や、文部科学省の通知で性的マイノリティが取り上げられるようになったことなどがあると考えられる。しかし、現在行なわれている性の多様性に関する教職員研修を、流行で終わらせるようなことがあってはならない。性的マイノリティの存在は、流行に左右されるものではないし、性の多様性に関する理解は、性的マジョリティとされる人々にとっても意味のあるものである。性の多様性に関する学びは、一時の流行に左右されるものとしてではなく、他の人権課題と同様に、普遍的な人権の学びとして位置づける必要がある。そのため、教員が継続して学ぶことのできるシステムの構築が今後は必要である。

また、私が行なってきた研修では、受講者の多くが、性の多様性について学ぶのが「初めて」あるいは「二回目」と回答していた。したがって、多くの教員が性の多様性について学ぶことなく教員になっていることがうかがえる。多様な性に関する知識の不足が、「性的マイノリティの子どもにどう接すればいいのかわからない」や「授業で教えられない」といった不安につながっていると考えられる。そのため、本来、性の多様性に関する学びは、大学などの教員養成の段階でなされるべきである。すでに、教員養成の段階で性の多様性に関する学びを導入している大学が増えてきているが、教員養成段階における性の多様性の学びを定着させ、適切な理解と知識を備えた教員が現場に増えることを期待したい。

第10章　ＬＧＢＴ教育の手引書ができるまで

二〇一八年三月、福岡県糸島市教育委員会は、多様な性に関する教職員向けの手引書（『人権教育の手引き3～多様な性を理解し、ともに生きるために～』糸島市教育委員会、二〇一八年）を発行した。この手引書は、二〇一九年度から糸島市内のすべての教員に一人一冊配布されており、多様な性を踏まえた授業づくりに使われている。現在では、同様の手引書を発行している自治体は他にもあるが、当時としては、教育委員会がＬＧＢＴに関する手引書を発行する事例は、全国的に見ても珍しく先駆的であったことから、全国紙でも取り上げられた（資料10―1）。手引きには、学年ごとの指導のポイントや、小学校一学年から中学校三学年までを視野に入れた指導計画が盛り込まれており、多様な性を踏まえた授業づくりに活用されている。

そこでこの章では、教師用手引きの作成にたずさわった教員や糸島市で性の多様性を踏まえた授業を実践してきた教員たちへ行なった聞き取り調査をもとに、福岡県糸島市において性の多様性を踏まえた学校教育についての授業研究や教材開発が進められてきた背景や、それらを可能にした要因について明らかにする。

このように、性（ＳＯＧＩ）の多様性を踏まえた学校教育が糸島市においてどのように構築されてきたのかを実証的に明らかにすることは、同種の取り組みを広げたいと考える他の自治体や教育現場の要請に応えるものであり、実践的な寄与が期待できると考える。

1　調査の概要

福岡県糸島市では、二〇一一年に「人権教育・啓発基本指針」の中に「性的少数者の人権」が明記され、教職員を対象とした研修会、性の多様性を踏まえた授業の研究が重ねられた。二〇一三年には教職員組合に所属する養護教諭たちの間で性の多様性に関する学習会が催されるようになり、続いて人権・同和教育担当者の間でも性の多様性に関する研修会が実施されるようなった。さらに、二〇一四年には、Ｚ中学校が文部科学省の研究指定を受け、性的少数者の人権に係る授業研究が行なわれ、その二年後には、小学校が同様の研究を受け継ぎ、授業研究が進められた。そうした積み重ねを経て、二〇一七年九月に教育委員会の担当者と人権教育にたずさわる教職員たちによって、教師用手引書の作成が始まった。

　手引書の作成に主にたずさわったのは、糸島市教育員会の指導主事一名、小学校の校長一名、中学校教諭二名、小学校教諭二名の計六名のメンバーである。★1 このうち校長が座長となり、手引きの作成に向けた検討会議が定期的に行なわれた。この調査では、手引き作成に至った背景を分析するために、これらのメンバーに聞き取り調査の依頼をして、六名全員から聞き取りを行なうことができた。さらに、これらのメンバーに加えて、糸島市において最初に性の多様性に関する勉強会を始めた養護教諭、人権教育担当教員、文科省指定の授業研究にたずさわった教諭たちへも聞き取りを行なった。

　調査を行なった時期は、Z中学校での授業研究が始まった二〇一四年四月から、二〇一七年一二月までの間である。調査は個別に行ない、一人の調査対象者に対して一時間から二時間程度の聞き取りをした。聞き取った内容

LGBT教育に手引書
糸島市教委作成目指す　学年別　きめ細かく
実践校　子供らに思いやりの心も
教員も学ぶ機会を

資料10-1　毎日新聞［2017年9月14日］

は、個人が特定されないようプライバシーに配慮しながら扱うことを説明し、調査対象者の承諾を得たうえで、デジタルレコーダーに記録した。

表10―1は、次節で登場するインフォーマントの基本データをまとめたものである。なお、教員の語りの中には、表中に示した者以外に、M教員とN教員が登場する。このうちM教員は、同性愛を公表して糸島市の学校に務めていた私のことであり、N教員はB教員の同僚である。

2 調査結果

(1) 養護教諭たちが始めた学習会

糸島市の学校で、最初に性の多様性に関する学習会を始めたのは、養護教諭たちであった。糸島市において養護教諭たちのサークルの部長を務め

表10-1 インフォーマントの基本データ（インタビュー時）

識別記号	年齢	性別	勤務先・校種	教職歴	備考
A	50代	女	小学校	37年	養護教諭。2014年に養護教諭のサークルの部長であった。
B	30代	女	小学校	10年	養護教諭。2014年10月に性的少数者の人権をテーマにした授業を計画した。
C	40代	男	中学校	15年	手引き作成のメンバー。Z中学校で人権教育を担当。
D	50代	男	中学校	33年	手引き作成のメンバー。Z中学校で人権教育を担当。
E	50代	男	小学校	25年	手引き作成のメンバー。行政で人権教育に携わった経歴がある。
F	50代	男	小学校	23年	校長。手引き作成の座長である。
G	40代	男	教育委員会	22年	手引き作成のメンバー。元小学校教諭。

ていたA教員は、子どもの相談電話（チャイルドライン）の受け手をしていたころに、性的少数者当事者と思われる子どもからの電話相談を受けたことがあったが、そのときA教員には相談されている内容が即座には理解できず戸惑った。そこで、性的少数者について自分なりに情報を集め始めた。そのころ、性的少数者であることを公表している教員（M）が身近にいることを知り、その教員を通して性の多様性に関する学びが始まった。

A教員：電話を受けて、最初は何のことやら正直わからなかったのよね。よく消化できないまま、インターネットとかで調べていたときに、M先生がすごく近くにいることを知って、声をかけたのが最初。それでM先生と話していくうちに、それまで、テレビとかで女装タレントとかを面白可笑しく笑っていた自分がすごく恥ずかしくなって。〔養護教論の〕サークルで話してもらえないかってお願いしたんですよね。……養護教論として、子どもたちに指導するためには、まず自分たちが知らなくてはだめだと思ったんです。

★1　これらのメンバーに加えて、筆者も助言者として手引き作成の会議に加わることがあった。

A教員は、最初は何もわからない状況だったが、身近にいた当事者教員との出会いを通して、自らの無知に気づいた。この経験を通して、子どもに指導するためには「まず自分たちが知らなくてはだめだ」という思いから、養護教諭サークルでの勉強会を思いついた。このようにして養護教諭サークルでの学習会が始まったが、他の養護教諭のメンバーも、最初はA教員と同様に、何のことかわかっていない状態からの開始であった。サークルの勉強会で当事者教員との出会いを通して、初めてSOGIの多様性について知ったB教諭は、次のように語った。

B教員：私も最初は何のことかわからなかった。私自身、すごく偏見を持っていたというか、今考えたら知らなかっただけなんだけれど。特に、性指向〔性的指向〕についてはすごく偏見があったんですよ。そうした偏見のある中で、M先生に出会って、自分が間違ったことをそれまで子どもたちに教えてきたことを知って、すごくショックを受けたんですね。それで、なんとかしなければ、授業をしなくてはいけないと思っていたんですけど、どうしたらいいかわからなくて……。そうしているときに、当事者の子どもが校区の別の小学校にいることがわかって、やっぱりちゃんと子どもたちに正しい知識とか教えておく必要があるよねという話になって。〔当事者児童が進学する予定の〕Z中学校の先生たちと授業づくりについて、相談するようになったんですよね。

B教員は、養護教諭のサークルで性の多様性について初めて知り、自らが偏見を持っていたことにショックを受け、子どもたちに正しく伝える必要性があると考えるようになった。そのとき、同じ校区内に当事者の児童がいることを知ったことで、授業づくりの必要性を感じるようになったが、そこから授業づくりまでスムーズに進めた要因については、次のように語った。

B教員：授業づくりまでいけると思ったのは、N先生の存在も大きいですね。N先生のクラスならできるという確信があったので、N先生に提案したら、すぐにやりましょうって言ってもらえたんですね。授業が上手なN先生がいたことと、N先生のクラスのあの子たちだったから、安心して任せることができたと思います。そしてもう一つ、そのときの校長先生もそれを許可してくれたんですよね。

N先生というのは、B教員の同僚で当時六学年のクラスの担任をしていた教員である。B教員は、自ら授業をするのではなく、学級経営と授業の上手なN教員に授業を提案した。さらに、管理職もそれを理解してくれるなど、複数の条件が揃ったことが前例のない授業づくりまでスムーズに進めた要因であったようだ。このようにしてB教員の学校で初めて、小学校六年生の児童を対象に授業が行なわれたのが、二〇一四年の一〇月のことであった。

一方、そのころすでに、人権教育担当教員たちの間でも性の多様性を人権課題ととらえる見方は広まり始めていた。二〇一三年一二月、初めて人権担当者研修会において性的少数者の人権に関する研修会が行なわれ、翌年の二〇一四年四月からZ中学校で、性的少数者の人権理解を促す授業の研究が始まった。

(2) 人権課題としての広がり

二〇一二年に行なわれた糸島市人権教育担当者研修会において、児童生徒から差別的な発言があった際の対応について議論がなされているとき、当事者教員(私)から「ホモやオカマなどの発言は差別事象として扱わないのか」という問題提起がなされた。

その場にいたE教員は、そのときに感じたことを次のように語った。

E教員:そのときそこに僕もいたんですけど、僕の感じ方は、なんでこの場所(人権教育担当者研修会)でそういうことをMさんが言うのかをあんまり理解できなかったんですね。え、なんで今その話をするの? というそれくらいの認識でしかなかった。そのことと人権の問題とがどう関係しているのか認知できなかったんです。

E教員は、糸島市の小学校で長い間人権教育を担当してきただけではなく、行政機関でも人権教育を担当した経歴のある人物である。ところが当時は、性的少数者に対する差別的発言の問題については、全く理解できていなかった。E教員はこのとき行なった聞き取りの中で、ゲイやレズビアンの存在は知っていたが、「LGBTとか性的マイノリティという概念自体がなかった」とも語っている。そうした性的少数者に対する認識不足が、性的少数者に対する差別の言葉の問題性に気づけなかった要因であると考えられる。しかし、そのような認識は次第に変わっていったという。

E教員：だけんやっぱり学習が全然足りていなかったと思うんです。でもそれが変わりましたね。最初はやっぱり当事者が直面する現実を全然知らなかった。でもそこからやはり学びとか、当事者との出会いがあって、当事者にとってはのっぴきならない厳しい状況だとか、話を聞くなかで、あ、これは大変な人権問題なんだという認識に変わっていきました。

最初は性的少数者に対する差別を人権問題とは認識できていなかったE教員だが、学びによって知識を得たことと、当事者から厳しい差別の現実に関する話を直接聞いたことによって、「大変な人権問題だ」という認識に次第に変わっていったことがわかる。このように、人権教育にたずさわる教員たちは、最初から性的少数者が直面する差別の問題を人権問題であると認識できていたわけではなかった。しかしながら、養護教諭たちが始めた学習会や研修会などを通して、性の多様性に関する知識を得たこと、さらに当事者から直接被差別体験の話を聞いたことによって、人権教育にたずさわる教員たちの間での性的少数者に対する認識は次第に変わっていった。

また、私が二〇一四年から二〇一五年にかけて人権教育担当者を対象に行なった聞き取り調査でも、複数の教員たちが、最初は性的少数者が直面する問題を人権問題とは認識できなかったが、当事者と出会い、学ぶことによって次第に認識が変わったという同様の結果が得られている。その際、人権同和教育で培った経験や差別に対抗するための理論が、性的少数者への差別を人権問題であると認識するのに役だったという結果も得られた。[★2] E教員の性的少数者に対する差別についての認識が変化した背景にも、人権同和教育の経験で培った人権に対する基本的な理解や考え方があったのかもしれない。

（3）「必然性」の出現と研究指定校での実践

また、教員たちがＳＯＧＩの多様性を人権課題であると考えられるようになった要因としては、当事者の生徒が存在したことも大きい。人権教育担当者研修会で性の多様性に関する学習会が行なわれ始めたころ、Ｃ教員が勤める学校に性的少数者当事者の子どもが入学してくるということが明らかになり、性の多様性について学校全体が取り組むことの必然性が出てきた。

Ｃ教員：ネットワーク会議[★3]のなかでいずれ中学校にあがってくるであろう当事者の子どもがいるという情報があり。そこで僕の中には必然も出てきて。勉強せないかんっていうこともわかって。そこがスタートでしたね。

Ｃ教員は、校区内で行なわれたネットワーク会議を通して校区内に当事者児童がいることを初めて知ることになったが、当事者生徒の存在が明らかになったことから、必要に迫られて性

★2　人権同和教育と性の多様性の接続問題については、本書の第五章を参照。
★3　糸島市が設置主体の「要保護児童ネットワーク会議」。

の多様性についての教員の学びが始まった側面があるようだ。

その後、文部科学省の人権教育研究指定を受けたことで予算が得られることになり、Z中学校では、当事者や専門家を招いての研修が重ねられた。文部科学省の指定を受けたことは、同僚たちの理解を得ることにも役立ち、性の多様性に関する取り組みは、学校組織を挙げた取り組みへと変わった。このようにC教員の学校では、他の職員の理解を得ながら組織的な取り組みがなされた。しかし、現状では性的少数者や性の多様性について授業をしようとするとき、他の職員の理解を得ることができず実施が困難になるケースが少なくない。C教員の学校の場合には、当事者生徒の入学、文部科学省の研究指定、研修の積み重ねなどが他の職員の理解を促したと考えられるが、学校として組織的な対応ができる状況をいかにつくり出すかということが重要である。

同じくZ中学校に勤務するD教員は、校内で性の多様性について研究を進めることについて「周りの教員や管理職から反対はなかったのか」という私の問いに対して、次のように語った。

D教員：ない。いろんなこと思いようと思うけど、実際に反対した先生はいない。当事者の子が入ってくるのがわかっていて、その前に当事者のMさんと出会っとったけんさ。でも、反発の声が出なかったのは、反発がなかったこととは違うと思うったいね。声が出なかっただけ。内心では〔否定的なことを〕思っていた先生もいたかもしれないし、それはわからない。だけれども、やっていこうって話したときに、考えてくれる先生が何人かいたということがとてもありがたかった。そして、管理職〔校長〕も反対しなかった。むしろ、当事者の子も入ってくるし、後押ししてくれたよね。新聞に〔性的少数者に関する〕記事が載っていたらそれをコピーして職員に配ったりしてくれたしね。

性の多様性について学校を挙げて研究を進めることに、D教員は、他の教員からの反発はなかったと言い切る。しかし、反発の声が聞こえなかったことと、反発が全くなかったことを同義とは考えていない。Z中学校での文科省の指定を受けての二年間の授業研究が終わると、Z中学校区のY小学校が文科省の研究指定を受け、中学校における研究を引き継ぐ形で小学校における授業づくりの研究が進められた。

（4）手引きの作成へ

中学校における授業づくり、小学校における授業づくりの実績をもとに、二〇一七年九月、教師用手引きの作成が開始された。教師用手引きが開始された経緯について、手引き作成の座長であるF校長は、次のように語った。

Ｆ校長：プロジェクト自体は、四月に市教委が中心となって、立ち上がりました。実は三年前にガイジ発言などの人権課題に対して、啓発などを進めるためにみんなで取り組むための冊子を作ろうという話になり、人権教育の手引きを作成したんですね。それの第二弾、第三弾として、ＳＮＳの問題とＬＧＢＴについて手引きを作ることになりました。その際、ＬＧＢＴに関しては、文科省の指定を受けてのＺ中の実践、Ｙ小学校の実践が基になりました。確かに今の潮流の中で、ＬＧＢＴというものの教育的配慮であったり、学習の必然性っていうものが大きくなってきているのは確かじゃないかと思うんですね。

糸島市では三年前に、最初に人権教育の手引きが作成されており、今回の手引きはその第二弾、第三弾ということであった。また、手引き作成に至った背景には、「今の潮流」と言い表されているような社会的な動きと教育現場からの要請があったと思われる。さらに、そのときに、Ｚ中学校、Ｙ小学校における授業研究の実績が教師用手引きの作成を後押しする形となったと思われる。

作成中の手引きの目的についてＦ校長は、次のように語った。

F校長：指導案を載っけてそれをやってくれとするのが目的ではない。そうではなくて、どういう前書きをつけたり、授業を作るにあたってどんなことを大事にすればいいのかということを付けたりすることによって、教師が読んで学べるものにすることが大事だと思っています。つまりそれをやればいいというものではなくて、それを通して、教師側が何を学んで積み上げていくが重要だと考えています。

単なる指導案集、教材集にするのではなく、教師がそれを通してＳＯＧＩの多様性について学ぶことができるようにすることが、この手引き作成の目的であるという。そこには、若い教員たちの人権感覚や意識を育てたいというＦ校長の意図がうかがえる。

（５）教育委員会が手引き作成を決めた理由

実際に手引きの作成作業を進めているのは、糸島市教育委員会から依頼を受けたＦ校長を中心とした現場の教職員たちである。しかし、糸島市教育委員会が教育行政として、ＬＧＢＴ教育に関する教師用手引きを作成することを決めた背景には何があるのだろうか。この点を明らかにするために、手引き作成のメンバーの一人である教育委員会指導主事（Ｇさん）にも聞き取りを行なった。指導主事であるＧさんは、手引き作成を始めることを決めた理由を次のように語った。

Gさん：まず、前提として三年前に障害者の人権に関する手引きを作成して以降、差別事象の報告件数が増えたんです。つまりこれまで見過ごされてきたことが、みんなが意識して気づけるようになったということだと思うんです。そこで教育の果たす役割をあらためて認識したことがまずあります。そこで今回ＬＧＢＴの問題についても手引きを作成することになったのは、小学校に性別違和を抱える子が実際にいるということがわかったことが一つで、中学校でどうその子を迎え入れるのかを考えなくてはならなくなったこともありますし、文科省の指定を受けて小学校でも中学校でも研究が進められてきたことが背景にあります。

このように糸島市教育委員会としては、三年前に作成した障害者差別に関する手引きがある程度効果をあげたことから、教師用手引きをつくることの有効性に気づいたということが前提としてあるようだ。その上で、実際に当事者の児童が現れたことにより、小学校および中学校における対応、他の児童生徒への指導の必要性に迫られたことが背景にあると言える。このような現場からの要請を背景に、糸島市教育委員会においては、市としての姿勢を示す必要性が次第に高まったと考えられる。またそのとき、文部科学省の指定を受けて小学校および中学校におけるＳＯＧＩの多様性を踏まえた授業づくりの研究が積み重ねられていたことなど、必要な条件が揃っていたことが、教育委員会として手引き作成を指示するに至った要因と考えられる。

３　結論——手引書ができたのはなぜか

ここまで、糸島市において性の多様性を踏まえた教育に関する教師用手引き作成に至るまでの背景や要因について、関係する教員たちへの聞き取りを基に描いてきた。これまでの描写で明らかになったことをまとめたい。

まず、なによりも最初に動き始めたのは、養護教諭たちであったことである。これは、性的指向や性自認そのものが性に関する事柄であり、学校において性的マイノリティの児童生徒から相談を直に受ける可能性のある養護教諭たちにとっては、Ａ教員が「子どもたちに指導するには、まず自分たちが知らなければ」と語ったように、緊急性の高い課題として認識されたものと考えられる。また、性的指向や性自認を理由とした差別は、性差別の一つであることから、性差別と向き合ってきた女性の教員たちが、いち早くこの問題に関心を寄せたと理解することもできる。そうした養護教諭たちの草の根的な学びが、次第に人権教育担当教員たちの間にも広がっていくことになった。

当初は、性的少数者が直面する問題を人権課題であるとは十分認識していなかった人権教育担当教員たちも、当事者との出会いや学習を通して「これは人権問題なんだ」（E教員の発言）という認識に変わっていった。また、その最初のきっかけとなったのは、二〇一二年の人権教育担当者会においてなされた「ホモやオカマなどの発言は差別事象として扱わないのか」という当事者教員の問題提起であり、この指摘が人権教育担当教員たちの認識を変えるきっかけとなったと考えられる。このようにして、人権教育担当教員たちが知識を得たことと、当事者から被差別体験を聞いた体験が、教師たちの認識を変えた。そうした中、性的少数者の児童生徒の存在が教員たちに認知されたことで、学校がＳＯＧＩの多様性に関する教育を行なう必然性が見出されることになったと考えられる。

さらに、そうした必然性を背景に、Ｚ中学校やＹ小学校では、文部科学省の研究指定を受けながら、性の多様性を踏まえた授業づくりに関する研究が重ねられた。こうした現場における授業研究の積み重ねが基になり、教師用手引きの作成へと結びついたと言える。また、複数の教員が証言したように、管理職（校長）がそれらの取り組みを許可し、むしろ後押ししたことも、糸島市の学校において授業研究がスムーズに進められた要因として挙げることができる。

　このように糸島市では、教員たちの間で学び（教職員研修）が重ねられ理解が広がったこと、さらにそれらを推進する人材（養護教諭、人権担当者、管理職）が揃ったことに加え、文科省の研究指定が獲得できたことや文科省の（二〇一〇年以降の）通知があったなどが、ＳＯＧＩの多様性を踏まえた教育の構築を後押ししたと考えられる。

4　課題――多様な語りの把握と分析

　ここまで、手引き作成にかかわった教員たちへの聞き取りを中心に、これまでの大まかな流れを明らかにしてきたが、糸島市においてＳＯＧＩの多様性を踏まえた授業づくりを進めてきたすべての関係者に聞き取りができたわけではない。聞き取りを行なったメンバー以外にも、糸島市の小学校や中学校では、性の多様性を教える授業を草の根的に実践してきた教員たちが存在している。彼らが性的少数者の人権や性の多様性を題材にした授業を試みるようになった背景には、当事者との出会いや自身の当事者性に気づいたことなど様々な要因が考えられる。こうした教員たちへの更なる調査を重ねることで、より正確な実態の把握と描写が可能になると考えられる。また、そもそも教員たちが性の多様性を人権課題として理解し、受け入れる仕方は、実際にはもっと多様なはずであり、性の多様性に取り組むことに反対の声を上げる教員もいるはずである。学校現場で性の多様性を踏まえた教育を構築していくにあたっては、そうした否定的な語りについても、今後は分析することも必要である。さらに、完成した手引書が実際にどのように活用され、どのような効果が得られたかなども、今後さらに追っていく必要があると考えている。

第11章　教員のカミングアウトは何を変えたか

前章までは、多様な性の視点からつくる教育の理論や方法、さらに教職員研修やＬＧＢＴ教育の手引書がどのようにしてできたのかなどについて述べてきた。この章では、私が福岡県の公立学校で同性愛をカミングアウトして教員を務めた結果、何が起こったのかを記したいと思う。最初に、勤務する学校でのカミングアウトをどのようにして行なったか、そのカミングアウトによって何が起こったのかを述べたい。

1　学校でのカミングアウト

私は公立の学校で六年間教員を勤めたが、そのうち四年間は、自らのセクシュアリティ（同性愛者であること）を公表して働いた。それは、同性愛者であることを隠すことが、教室の中にいるかもしれない性的マイノリティの子どもの存在を否定する行為であるばかりでなく、性的マイノリティに対する差別を助長し、温存する行為であると考えたからである。ここでは、私が公立学校で「ゲイの教員」とカミングアウトするに至った経緯や、学校内でカミングアウトすることによって見えてきたことについて述べる。

（1）なぜ学校でカミングアウトしたのか

大学院でゲイ・スタディーズを学んでいた私は、教員になったらゲイであることを隠さないと決めていた。そう決意したのは、小学生のころに自分が同性愛者だと気づいてから、誰にも相談できずに悩んだ孤独な経験があったからだ。私が子どものころ、身の回りにある同性愛についての情報は否定的なものばかりで、同性愛を肯定する情報はほとんどなかった。テレビではお笑い芸人が「ホモ」をネタに笑いをとっていたし、家庭でも学校でも同性愛はよくないものと教えられてきた。子どものころの私は、学校で使われる教科書には「正しいこと」や「真実」が書かれていると思っていたが、その教科書にも自分を肯定する言葉はなかった。同性愛者として幸福な生き方をしている大人はどこにも見あたらず、将来が不安でたまらなかった。自分の力では変えようのない現実と一人で向き合うしかなかった日々は、苦痛でしかなかった。こんなに辛いことしかない人生など早く終わってしまえばいいと、そんなことばかり考えていた。

もしあのころ、同性を好きになってもおかしいことではないと学校で教えられていたら、あるいは、ゲイであることを堂々とカミングアウトしている教師に出会っていたなら、どんなに心の支えになったことだろう。私はいつか教員になることができたら、子どもの前でゲイであることを話したい、こんな夢を抱くようになっていた。そして、大学院を修了後、私は中学校で理科の講師を務めることになり、夢を叶えるチャンスがやってきた。

教員になったらカミングアウトすることを決意していたものの、公立の学校でカミングアウトすることについて不安がなかったわけではない。当時は、周囲からは「今はやめたほうがいい」と言われることが多かったからだ。「教育現場でのカミングアウトはリスクが高い」「カミングアウトしてもメリットはない」「正式に採用されるまでは言わないほうがいい」など、ほとんどの意見はカミングアウトに否定的だった。しかし、ゲイの教員としてカミングアウトすることで、救われる子どもがいるかもしれないと考えたとき、私にはカミングアウトしないという選択肢は考えられなかった。今、カミングアウトしなければ、いつまでたっても差別をなくすことはできない。ゲイであることを隠すのであれば、私が教員をやる意味はないとさえ思った。

(2) 生徒へのカミングアウト

カミングアウトといっても唐突に言うわけにもいかないので、基本的に私は生徒に尋ねられたら、それを認めるという方法をとってきた。しかし、ある学校では新聞記事がきっかけでカミングアウトすることになった。

福岡の学校へ勤め始めて一か月が経とうとしていたころ、一人の生徒がインターネット上に公開されていたある新聞記事を印刷し、学校に持ってきたのである。それは、私が学生のころに同性愛を公表して行なった講演の記事だった。生徒から、「先生ってゲイ?」と聞かれ、「そうです」と答えた。すると私がゲイだということは、たちまち学校中に広まることになった。そのあと、私はすぐに校長室に呼ばれた。

校長から記事に書いてあることについて説明を求められた。「私がゲイであることは事実ですが、理科を教えることに何の影響もありません」。そう説明すると校長は、「わかりました。これからも理科の指導を先生にお願いします」と言ってくれた。

その後も、記事を読んだ多くの生徒から「先生って本当にゲイですか?」と聞かれた。そう聞かれるたびに、「たしかに先生はゲイだけれど、ゲイであることは特別なことではない」と説明した。そんな私にある生徒は「そこは否定すべきでしょ」と言うので、こう答えた。「ゲイであることは悪いことでもなんでもない。もし先生がゲイであることを否定してしまったら、このクラスにいるかもしれない当事者の生徒に対しても失礼なことになる」と。どの生徒も最初は驚くが、ありのままを話す私に否定的な態度や暴言を吐く子どもはほとんどいなかった。むしろ、「応援しています」や「すごいと思う」といった反応が返ってくることが多く、カミングアウトによって子どもたちとの信頼関係が強くなったと感じた。

ある年には、授業開きの直前に「先生がゲイって本当ですか」と尋ねられた。生徒の中には、きょうだいから私がゲイであることを聞いている者もいたのだ。授業開始のチャイムが聞こえたが、次のように話した。「この世の中には、女の人が好きな男の人や男の人が好きな女の人もいれば、男の人が好きな男の人や女の人が好きな女の人もいます。ただ、それだけのこ

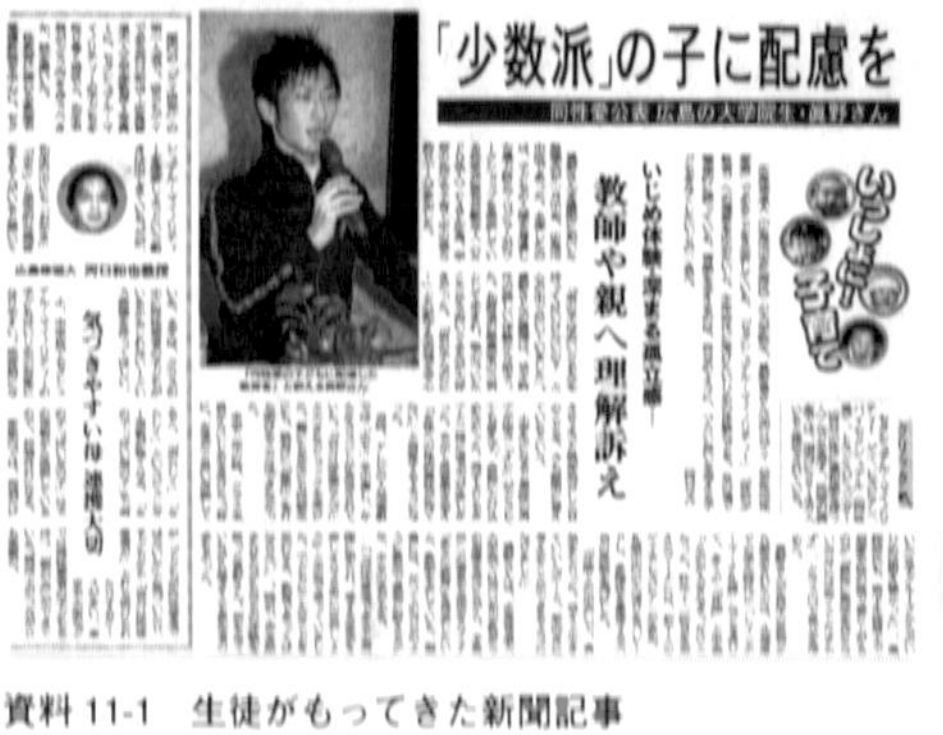
「少数派」の子に配慮を
教師や親へ理解訴え

資料11-1　生徒がもってきた新聞記事
［中国新聞　2008年2月4日］

とです」。生徒は、一瞬の静寂の後「なるほど」とうなずいたり、「おー」とか「かっこいい」と言ったりしていた。そのまま何事もなかったかのように授業を始めた。

新しい学校や教室で子どもたちと出会うとき、私はさまざまな形でカミングアウトをしてきた。しかし、いつも気をつけていたことは、目の前の子どもたちを信頼し、事実をそのまま伝えることだった。教室の中には、必ず当事者の子どもがいる。これまでたった一人で孤独とたたかってきた子どもが。そうした子どもの存在をまず想定して、「あなたは一人ではない」というメッセージを伝えたかった。また、教員の中にも当事者がいるということを子どもに示すことは、すべての子どもが性の多様性について学ぶ機会にもなると考えた。もしも、私がゲイであることを言わなければ、異性愛が当たり前だと考えられがちな文化の中で私は異性愛の教員として見られることになり、性の多様性に関する学びは起こらないだろう。あるいは、否定したり、ごまかしたりすることによって、差別することを子どもに教えることにもなりかねない。私は、カミングアウトによって、くだらない差別を終わらせたかったのだ。

(3)「先生は間違ってない!」

それを私が耳にしたのは、放課後の掃除の時間だった。監督のために担当区域に行くと生徒たちが寄ってきて、ある出来事を報告してきた。「○○先生が同性愛はキモイって言っていた」

「男子がじゃれあっているのを見て、お前ら同性愛か。気持ち悪いからやめろって」。生徒が授業中にふざけていたのだとしたら、注意されるのは当然のことだが、そこで「同性愛」や「気持ち悪い」という言葉を使う必然性はない。ベテランの同僚教員の発言だったが、私は「そんなこと言う人が間違っています。同性愛は気持ち悪くも、間違いでもありません」と言った。すると子どもたちは、「こんなこと言われて先生傷ついた？」「どうすると？」と詰め寄ってきた。教員によって言うことが異なるという事態は望ましいことではない。二人の教員の主張が相反するという事態に、生徒は興味津々の様子だった。意見を求めてくる生徒たちを見ながら、その教員の発言を思い浮かべると悲しみと同時に怒りがこみ上げてきた。「先生大丈夫？」と声をかけてくる生徒に思わず、「私はどれだけ傷ついたっていい！　だけど、その場に当事者の生徒がいたかもしれないとよ！」そう言うと同時に涙がこぼれていた。

そんな私に生徒は、「わかるよ先生。俺たち、先生の味方やけん」「先生は間違ってない」と言ってくれた。生徒は私の味方だった。生徒よりも、大人である教員の認識を変えることの方がずっと難しい。しかし、これは難しいという言葉で済ませたり、見過ごしたりすることができる問題ではないと思った。教員の認識が変わらなければ、また同じことがくり返される。私はどうしたらいいのか悩んだが、その教員に直接確かめることにした。どのようなタイミングで、どう言えばいいのか。教員経験の浅い自分がこんなこと言ってよいのだろうかとも悩んだが、生徒のことを考えると、やるべきこと、言うべきことは決まっていた。「お話したいことがあるんですが」。私は問題の発言をした教員に、生徒から聞いた内容について、事実であることを確かめた上で、次のように伝えた。「生徒の中にも性的マイノリティはいます。もしかすると、その場にいて聞いていたかもしれません。教師が同性愛を否定する発言をすると、それを子どもが真似するようになります。どのような場面であっても、教師が子どもの前で言うべきことではありません」と。実はそう言いながら、どんな返答が返ってくるのだろうかと私の心臓はバクバクしていたが、その教員は言い訳や反論をせずに「わかりました」と一言だけ言った。

どのような職場でも、誰かが差別的な発言をしているのを見聞きするという事態は起こりうることだろう。しかし、そうした場面に出会ったとき、何をどこまで言うべきなのか、言わない方がいいのか。職場で起こる差別事象にどう対処していくべきかは大きな課題だ。

（4）元生徒たちとの再会

福岡県で最初に教えた生徒たちが、二〇一四年に成人を迎えた。この年、二〇歳になった元生徒数名の協力を得て、あるイベントが行なわれた。「ゲイ教員と二〇歳になった元生徒たちとのトークイベント」である[★1]（写真11―1）。これは、同性愛をカミングアウトした教員についてて、生徒たちはどう思っていたのかなどを話し合うトークイベントであった。彼らと会うのは、彼らが中学校を卒業して以来であったこともあり、私自身このイベントをとても楽しみにしていた。そして、この会場で元生徒たちの中学校当時の心境を初めて聞くことになった。

彼らの一人は、「正直、最初は驚きました。今までそういう人に会ったことがなかったからです。でも、眞野先生があまりにも自然に言っていたので、ゲイであることは特別なことではないと思えるようになりました」と語った。子どもたちの多くは、性的マイノリティであることを公表している人と出会った経験がないために、メディアで描かれる同性愛嫌悪的なキャラクターを信じた

★1　このイベントは、福岡市を拠点に活動するＮＰＯ法人「レインボースープ」によって企画された。

写真11-1　イベントの様子（写真提供：NPO法人　Rainbow Soup）

り、大人から聞いた根拠のない噂を鵜呑みにしたりしている。そのため、私が同性愛者であるという事実を知ったとき、ほとんどの生徒が驚き動揺する。しかし、それらの同性愛に対する知＝偏見は、実体を伴ったものではない。同性愛に対する「特別なこと」という印象は、実際にゲイを公言する教師との出会いを通じて、私という実体に引きずられながらも、変化していった。その結果、同性愛者に対する「特別な人」という偏見が解体されていったと考えられる。同性愛者に対する恐怖、すなわち同性愛嫌悪とは、実体を知らないことからくる恐れなのである。

また、別の元生徒は、「〔進学先の〕高校でレズビアンの人に出会いました。でも中学校のとき眞野先生と出会っていたので普通に接することができました」と語った。元生徒らは卒業後、進学先や就職先で多様な人と出会っている。当然そうした出会いの中には、性的マイノリティとの出会いもあるだろう。そのとき、中学校のときにゲイの先生がいたという経験が、何かしらの役にたっていたとすれば、この上なく嬉しいことである。中学校で彼らにカミングアウトしたことが、彼らの人生にとってプラスなることが少しでもあるなら、カミングアウトをして本当によかったと思う。

（5）カミングアウトで私が得たもの

学校でカミングアウトする前は、差別されるのではないかという心配が私にもあった。カミングアウトすることによって、たくさんのものを失うのではないかと思ったこともあった。しかし、実際に私がカミングアウトして失ったものは何一つない。むしろ、カミングアウトしたことによって味方ができ、生徒との信頼関係も強くなった。ある朝、教室へ行くと、誕生日のお祝いを黒板いっぱいに書いてくれていたこともあった（写真11—2）。

　また、教員という仕事柄、元生徒に再会することはしばしばあるが、私はそのたびに嬉しくなる。彼らが気軽に

写真11-2　ある朝、教室へ行くと生徒からのお祝いのメッセージが黒板いっぱいに描かれていた。

私に話しかけてくるからだ。あるとき、車のタイヤがパンクしたので、タイヤ屋さんに行くと、「眞野先生！」と声をかけられた。見ると、担当の整備士が中学校で教えた生徒だった。偶然の再会に驚きながら、お互いに近況を報告し、嬉しくてしばらく話し込んでしまった。彼は立派な整備士になっており、とても丁寧に仕事をしてくれた。

別の元生徒は小学校の教師になっており、銭湯で再会したときに、なんとコーヒー牛乳をおごってくれた！　また、別の女子生徒は、私の行きつけのクリーニング屋さんで働いていて、いつも気軽に話しかけてくれる。彼女とは、ときどき恋愛について話したりもする。

これらはすべて、何も特別なことではない。しかし、元生徒たちと普通の会話ができること、このことが私にはとてつもなく嬉しい。彼らは、私という人間を一人の人間として見ているのだ。彼らにとって、私のセクシュアリティは、もはや特別な意味を持たない。このような関係が、あるべき姿であり、とても自然な姿だと私は思う。

たった一言のカミングアウトが、周囲の人々を変え、学校を変え、社会を変える。私が経験したこれらの体験は、私の個人的なものだが、まぎれもない事実である。

2　保護者たちはどう受け止めたか

学校でカミングアウトするにあたって、もう一つ気がかりだったことは、子どもたちの保護者からどう思われるかということであった。学校に苦情が来るのではないか、そんな心配もあった。保護者の中には同性愛について偏見を持っていたり、教員が同性愛者であるとカミングアウトすることをよく思わなかったりする人もいるだろう。しかし、そのような保護者にこそ、理解をしてもらわなくてはいけないとも思った。なぜなら、大人の差別や偏見によって傷つくのは、子どもたちだからである。

ここからは、私が元生徒たちの保護者を対象に行なった聞き取り調査をもとに、学校で同性愛をカミングアウトした私を、保護者たちがどのように受け止めていたのかを探っていく。

（1）調査の背景と目的

日本で初めて一般の人々を対象にした性的少数者に対する大規模な意識調査である「性的マイノリティについての意識　二〇一五年全国調査」によると、小学校教員になってほしくないなんらかの性的少数者が「いる」と回答した人は五一・四％、「いない」と回答した人は四一・五％であり、回答者の半数以上が、性的少数者が教員になることに対して、なんらかの抵抗感を示したことが報告されている〔釜野ほか、二〇一六〕。なかでも、もっとも多くの回答者が小学校の教員になってほしくないと答えたのは「同性愛男性」であった。全般的に性的少数者が教員になることへの抵抗感を示すのは、女性より男性、若い人より高齢者であり、特に、子どもがいる人の場合は、子どもがいない人よりも、すべての性的少数者について小学校教員になることに抵抗感を示す人が多かった［同前］。しかしながら、この「全国調査」は、調査結果の特徴を指摘するにとどまっており、これらの結果が得られた原因や背景については述べられていない。非当事者に焦点を当てた国内の研究としては、「ゲイの息子」を持つ親の語りを社会学的観点から分析したもの［三部、二〇〇九］などがあったが、一般の人々が性的少数者をどのように受け止めているかということは、最近まで明らかにされてこなかった。

一方、国内で行なわれた調査によると、日本の性的少数者の人口は、約三～八％と推計されており、[★2]当然のことながら、公立学校の教職員の中にも性的少数者は存在しているはずである。ただし、現状では多くの当事者教員たちは、セクシュアリティを秘匿したまま勤務しているために、性的少数者の教員の存在は一般には見えにくい状態にあると考えられる。[★3]

性的少数者全般を対象にした国内最大規模のインターネット調査である『REACH Online 2016』（研究代表者　日高康晴）によると、職場や学校でカミングアウトしている性的少数者は、二七・六％であったことが報告されている［日高、二〇一七］。したがって、七割以上の当事者は、セクシュアリティを秘匿しながら生活していると考えられる。このように性的少数者が職場や学校でセクシュアリティを秘匿するのは、カミングアウトすることによって、自らが同性愛嫌悪的な差別に晒される可能性があるからである。そうした危険性に対するあらかじめの予測が、カミングアウトを思いとどまらせる要因の一つであると考えられる。特に、ジェンダー・フリー教育や性教育に対するバッシングが過熱し始めた二〇〇〇年以降の日本の学校では、性を語ること自体が困難な時代が続いたため、自らのセクシュアリティを公表する教員は、現在でも少ないと考えられる。

一九九〇年に同性愛を公表した教員の一人である伊藤悟は、自伝の中で「ぼくが同性愛者だ

★2　電通が二〇一五年に行なった調査では、日本人の七・六%が性的少数者と推計されている［電通、二〇一五］。一方、二〇一九年に国立社会保障・人口問題研究所の研究グループが大阪市で行なった調査では、LGBTAに該当する人は三・三%であった［国立社会保障・人口問題研究所、二〇一九］。

★3　日本では、伊藤悟（予備校講師）、平野広朗（公立高校教員）、池田久美子（私立高校教員）などが一九九〇年代に同性愛をカミングアウトしてメディアで取り上げられたが［伊藤、一九九三；平野、一九九四；池田、一九九九］、その後、現在に至るまで同性愛を公表して働く教員は極めて少数である。

とわかれば、柏予備校をクビになるかもしれないし、親からの抗議で追い出されるかもしれない」と書いている［伊藤、一九九三、二一〇頁］。このように、保護者からどう受け止められるのかを恐れて、カミングアウトを躊躇する教員は、現在でも多いと考えられる。しかし、異性愛を前提とした社会の中でセクシュアリティを秘匿することは、すなわち異性愛者とみなされることを意味し、結果として、子どもたちのまなざしから性的少数者の教員の存在を隠すことになる。これは、「隠れたカリキュラムとしての異性愛主義」［小宮、二〇〇八］を再強化することにつながりかねない。また、性的少数者当事者の子どもにとっても、ロールモデルを失うことになる。一方で、保護者たちから抗議を受けるかもしれないという不安を抱えたままでは、当然、当事者の教員がカミングアウトすることはできないであろう。

では実際に、教員がセクシュアリティ、なかでも同性愛男性であることを公表した場合、保護者たちは、同性愛の教員の存在をどのように受け止めるのであろうか。私は、二〇〇八年四月から二〇一四年三月まで、男性同性愛者であることを公表した上で公立中学校に勤務したが、その六年の間に三つの学校に勤務し、計八〇〇人ほどの生徒を指導した。そこで、この節では、私が指導した生徒の保護者たちに対する聞き取り調査の結果を元に、男性同性愛者の教員に対する保護者たちの反応を質的に分析し、同性愛者の教員に対する保護者たちの受け止め方の一端を明らかにする。

（2）調査の概要

この調査は、私が中学校で実際に指導にたずさわった元生徒たちの保護者に直接聞き取りを行ない、語りを収集した。このような手法を用いた理由の一つは、調査に協力してくれた保護者たちと私との間で、一定の信頼関係がすでに構築されていたからであるが、もう一つは、インフォーマントの語りの背後にある要因やこれまでの経緯など、量的調査では見ることができない面を探ることができると考えたからである。調査対象者を選定するにあたっては、様々な方法を用いた。例えば、ＳＮＳを通じて、直接保護者と連絡をとったり、あるいは元生徒を仲介して、保護者に依頼したりすることもあった。いずれかの方法で元生徒の保護者に依頼をして、承諾を得られた者を積極的に調査対象者とした。計八件の依頼のうち四名の保護者から承諾を得ることができ、聞き取りを行なうことができた（表11—1）。実際に聞き取りができたのは、二〇一三年に指導した二学年の生徒の保護者一名と、二〇〇九年に指導した三学年の生徒の保護者三名であった。同性愛者への偏見が強い者は、調査に応じる可能性が低いことから、データの収集自体に難しい面があった。とくに、今回の調査において、男性は一人しか聞き取ることができなかったが、先行研究においても、特に五〇代以上の男性は同性愛に対して嫌悪感を示す割合が高いことが示されており［釜野ほか、二〇一六、一〇五—一二四頁］、インフォーマントDさんの語りは、貴重なデータであると言える。

　調査を実施した時期は、いずれも二〇一八年九月である。調査場所は、インフォーマントの希望に応じて選定し、喫茶店の個室やインフォーマントの自宅で行なった。調査目的とデータの取り扱いについて説明し承諾を得た上で、一時間から二時間程度の聞き取りを行ない、デジタルレコーダーで記録した。

　なお、調査を行なった私は同性愛を公表した当事者であることから、インフォーマントはたとえ性的少数者に対して否定的な意見を有していても、それを示しえない可能性がある。本調査は、そうした制約の下で行なわれているため、得られたデータは、同性愛に対するある程度の理解を有する保護者たちの語りであることに留意しておく必要がある。しかし、そうした方法論上の限界があるとしても、同性愛の教員に対する保護者たちの受け止め方の一端を明らかにしている点で本研究の意義は大きいと考える。

表 11-1　インフォーマントの基本データ

識別記号	調査実施年月	年齢	性別	備　考
A	2018 年 9 月	50 代	女性	筆者は、教科担任として 2013 年に次男（当時中学 2 年）の指導に携わった。
B	2018 年 9 月	50 代	女性	筆者は、教科担任として、2009 年に長女（当時中学 3 年）の指導に携わった。
C	2018 年 9 月	50 代	女性	筆者は、教科担任及び副担任として、2009 年に長女（当時中学 3 年）の指導に携わった。D の妻。
D	2018 年 9 月	50 代	男性	筆者は、教科担任及び副担任として 2009 年に長女（当時中学 3 年）の指導に携わった。C の夫。

（3）保護者たちの受け止め方

①　教師が同性愛者だと知ったときの保護者の反応

私は、勤務校の子どもや同僚に対して、同性愛者であることを公表していたが、副担任であったために、生徒の保護者たちと直接にかかわる機会はあまりなかった。しかし、保護者たちの多くは、子どもたちを介して、私が同性愛者であることを知ったようである。たとえば、保護者Aさんは、自身の子どもではなく、近所に住む他の学年の生徒たちから私が同性愛であることを聞いたと語った。

Aさん：みか〔仮名〕たちが三年に上がったときに、カミングアウトしてる先生がおんしゃーという話を公園で集まったときに聞いてて。あ、すごいねって。勇気があったねっていう話をそこでして。

公園で近所の子どもから、中学校に同性愛をカミングアウトしている教師がいることを初めて聞いたAさんは、自分の子どもが通う学校に同性愛をカミングアウトした教師がいることについて、近所の子どもたちの前では驚いた様子は示さずに、「すごいね」「勇気があったね」というように好意的な評価を示してみせた。この時点でAさんの長男は、一学年に在籍していたが、学年が異なるために長男との接点はほとんどないだろうと考えていたが、近所の薬局で長男と買い物をしているときに、初めて私と出会うことになった。そのときの様子を次のように語った。

Aさん：でもほら、どなたか私はわからないじゃないですか。長男の学年ではなかったので。接点もないだろうと勝手に思ってたんです。そしたら、○○薬局かなんかで、先生がいらっしゃって、会ったときに、「あ、眞野先生がいたけん、おれ挨拶してくる」って言って長男が挨拶に行ったんですね。そこで、あー、あの方が眞野先生かと思って、私は遠目で見てて。

長男と私の様子を遠目から見ていた理由の一つは、噂に聞いていた私がどのような人物かを確かめるためであったと考えられる。しかし、遠目で見ていたもう一つの理由は、長男が私に対してどのような態度をとるのかと不安を抱いていたからだという。

Aさん：たぶん長男も知ってるんですよね。知ってても、その、変なふうって言い方もあれだけど。変なふうに思わず、あ、先生がおるけん挨拶してこなっていう普通の感覚でしか、彼も思ってなかったので、あー、良かったたって思ったんですよね。変に差別とかされるのが私は嫌だったから。そこでもし変に思っているんなら、私もちょっと話をせないけないのかなって思ったけど。彼の様子が普通だったので。あ、普通の先生に対する態度と全然変わらないっていうのが、わかりますよね見てたら。

「たぶん長男も知っている」ことというのは、その教師が同性愛であるという事実のことである。Aさんの語りに出てくる「変なふう」というのは、同性愛者に対する差別的なまなざしを言い表しているものと考えられる。Aさんは最初、長男が偏見に基づいた差別的な見方や態度で同性愛の教師に接するのではないかと心配していた。もし、そのような態度が見られた場合は、「話をせないけない」、すなわち指導しなければいけないとさえ考えていたようである。しかし、実際には、私に対する長男の様子から「普通の先生に対する態度と全然変わらない」と認識し、安心をしたようである。そのため、それ以上の話、すなわち教師のセクシュアリティについて踏み込んだ話はしなかったという。

ここまでのAさんの語りからわかるのは、実際にはそのような事実はないにもかかわらず、保護者はまず、子どもが同性愛者に対して差別的な態度をとるかもしれないという悪い事態を想定していたということである。その数年後、私はAさんの次男の指導にたずさわった。二人の子どもの様子からAさんは次のように語った。

Aさん：子どもがやっぱりそれだけ慕っているというかね。やっぱり嫌な先生に挨拶なんてしたくないじゃないですか。顔もあわせたくないと思うんですね。それがこうやって行くけん、ああ好きなんだと思って。親はそうですよ。どういう先生であれ、子どもが慕っている先生は、そういう目で一つ上がって見えるから安心して接することができたと思うんですね。長男が、そういう垣根を越えて、先生先生って挨拶に行ったりする姿から、あ、いい人なんだっていうイメージしか私の中にはなかったので。

当初は、悪い事態を想定し心配をしていたAさんは、二人の子どもと私とのやりとりやかかわり方の様子から、子どもたちが私のことを慕っていると判断し、私に対して「いい人」というイメージが形成されていったと考えられる。このようにAさんの場合は、私に対する子どもたちの様子から、同性愛者の教師に対する肯定的なイメージが形成されていったと言える。一方、保護者Bさんの場合は、子どもがインターネットで私の名前を検索した結果、同性愛者であることを知ることになった。Bさんはそのときの様子を次のように語った。

Bさん：娘が、先生のことが話題になっているって言いだして、ネットで調べてみようとなったんですよね。それで娘がパソコンで調べたら、わーって顔を伏せてしまったんですよ。たぶん驚きで。どうしたとって聞いたら黙りこくって。すごい衝撃を受けてたんですよね。それで、なんかマノティー〔マノティーチャーの略〕は同性愛でどうのこうのっていう話になったんですよね。それで、私は親として、今までにないことだったんで、冷静に対処しないといけないなと思ったんですよ。で、そのときは、まだ、今のようにLGBTとか性のグラデーションの認識が世の中に広まっていなかったんで私もちょっとどうしたものかなと思ったので、取り乱すというか、ちょっと不安になったんですよね。

「先生のことが話題になっている」というのは、私の名前をインターネット上で検索すると、ある新聞記事が出てくるというものである。これは私が学生時代に行なった講演の記事であり、そこには私が同性愛者であることが記されていた。Bさんの娘は、記事の内容までは知らずに、私の名前を調べたと思われる。しかし、その結果、パソコンの前で顔を伏せてしまった娘の様子から、娘が衝撃を受けたと感じたBさんは、親として「冷静に対処しなきゃいけない」と思いつつも、二〇〇九年の当時は、現在ほど性的少数者に対する情報がなかったことから、動揺し不安を覚えたようである。この不安について、Bさんは次のようにも語っている。

Bさん：やっぱり、教員っていう肩書きを持ってらっしゃるから、やっぱりなんらかの影響力っていうのはあると思ったんで。だから、今後、自分自身が親としてどう対処していったらいいのか。

この語りからは、目の前に初めて同性愛者が現れたということに加えて、それが教師という肩書き、すなわち子どもに直接かかわり、大きな影響を与える存在であったことから、「どう対処していったらいいのか」という不安につながったことがうかがえる。このような不安に対処するためにBさんは、信頼できる第三者に相談をすることにした。

Bさん：読み聞かせを一緒にやっている山口さん〔仮名〕という方に相談をしたんですよ。そしたらその方がすごく冷静に、今、世の中はそんな人はたくさんいるから、あまりその色眼鏡で見ちゃいけないよっていう話をされたんですよ。それで私自身も落ち着いて。

山口さんというのは、Bさんとともに児童館で読み聞かせの活動をしている仲間であり、そうした活動においては先輩にあたる人であった。その方から、「色眼鏡で見ちゃいけない」と言われ、次第に落ち着きを取り戻していった。Bさんは、山口さんに自分が言われたように、娘にも言い聞かせることで、互いに落ち着きを取り戻していったと語った。その後、市民講座で私の講演を聴く機会があり、そのときの様子を次のように語った。

Bさん：あのときもなんかすごく嬉しくて。だから私は、やっぱり子どもたちも親に言えないで自分の中で抱え込んでいる子って、そのＬＧＢＴだけじゃなくっていろいろあると思うんですよ。だからなんていうのかな。親以外で助けてくれる人、私も児童館で勤めているんですけど、なんかあったら頼りになる、そういった人が必要だと思うんですよね。だから私はすごく、眞野先生にはありがたいと思っているし、もう尊敬しています。いや本当ですよ。だってそれがなかったら、どんどん孤独に走って、埋もれていって、自分を見失って、闇の世界に行く子がたくさんいると思うんですよね。

Bさんは、市民講座で私の講演を聴き、性的少数者が直面する厳しい現実について知ったことや、自身の読み聞かせの活動や児童館での活動の意義を振り返ることにより、「そういった人が必要」だと考えるようになり、同性愛を公言する教師がいることについては「ありがたい」

と思うようになったと語った。さらにBさんにとっては、女性として生きる上で経験してきた辛い体験が、性的少数者が直面する辛さや困難とリンクし、共鳴する部分が大きかったようである。

Bさん：○○家に嫁いで二年間くらい子どもできなかったんですね。そのとき、親戚の人が「あんたはまだ○○家の人間じゃないけんね。あんたまだ子ども産んでおらんめーが」って言われたんです。そんな世界でずっと闘ってきたんですよね。私は自分がいろいろ経験してきたから、その人の好きっていうのを大事にしたいんです。自分の感覚的なもの、それを犠牲してきた自分がいるので。親が昭和一桁生まれで、堅い家に生まれ育ったので。(中略)だから、自分の好きっていうのを大事にして、それを言えるような環境が大事だと思っているので。

このように女性として生きる上で体験してきた辛い体験や、古い価値観を重んじる「堅い家」で生まれ育ち、自分の「好き」という感覚を大切にされなかった経験が、「好き」という感覚を大事にして、それを言える環境が大事だという現在の考え方に結びついていると考えられる。

一方、保護者Cさんの場合は、教師が同性愛者だと娘から聞いたとき、次のように考えたという。

Cさん：私自身はですね。性格っていろいろあるじゃないですか。性格に例えたらいいんじゃないかなと思って。気が難しい人もいれば、短気な方もいれば、気の長い方もいらっしゃるし、だから一つの性格って受け取って。特に私は女子校だったので、周りにもしかしたらそういう人がいたんじゃないのかなって、そのとき考えましたね。公にしてないんですけど、今考えたらその子そういう傾向があったのかなって子はいて、だからといって見てたわけでもないし。一つの性格っていう受け取り方ですね。

このように、Cさんは、性的指向を性格のようなものとしてとらえたという。そのように考えた背景には、自身が学んだ学校が女子校であり、振り返ってみれば性的少数者の当事者と思われる生徒もいたという経験があるようだ。

② ジェンダーによる差異

これまで母親たちの語りを中心に見てきた。では父親は、教師のカミングアウトをどう受け止めたのだろうか。

冒頭で参照した「全国調査」(三〇一頁)では、性別によって結果に有意な差が見られた。特に大きな男女差が現れたものとして、「同性愛男性に小学校の教員になってほしくない」という男性は四四・〇%であったのに対して、女性が二九・六%であった〔釜野ほか、二〇一六、一九四頁〕。このように男性の方が、性的少数者が教員になることに対する抵抗感を持つ人が多く、特に同性愛男性に対して多いという結果であった。私の行なった聞き取り調査においても、これと重なる語りが多く見られた。例えば、子どもたちには同性愛について偏見を持ってほしくないと語ったAさんは、その件について夫には一切話していないという。その理由を次のように語った。

Aさん:やっぱりね気持ち悪いって言うもん。テレビとか見ててね。言うから、そこを一個人として見たときにどうなのかは、わからないけれど。一般的に考えたときに気持ち悪いってポンとはね除けるってことは、まあ、あんまりそういう話はせんほうがいいのかなって、主人にはね。

Aさんの夫に直接聞き取りはできなかったが、Aさんによると、夫は普段から性的少数者に否定的な言動をすることから、夫とはこの件について話したことはないという。
一方、Bさんは夫との会話の中で私について話題にしたことがあり、その際、夫は明確に嫌悪感を表したという。

Bさん：嫌悪感です、ごめんなさい。本当に、嫌悪感を露わにしてました。でも私はほら、今はいろんな人がいるからねみたいに流してましたね。

さらに、同性愛者の私が娘さんを指導していたことについて、夫がどう考えていたと思うか尋ねると次のように答えた。

Bさん：それはあんまりいい気持ちはしてなかったみたいです。正直言って。すみませんね。だから、普通っていう言葉があるじゃないですか、常識っていう言葉、それが彼の中では、そういう同性愛とかＬＧＢＴ、そういったものがタブーなんですよ。

Bさんによれば、とても堅い家庭で育ち、「普通」や「常識」を重んじる考えを持った夫は、当時、同性愛の教師に娘が指導を受けることについて「いい気持ちはしていなかったみたい」

だったという。しかし、AさんやBさんによるこれらの夫についての語りは、妻から見た想像に基づく語りであり、実際に夫には聞き取りができていないことには留意が必要である。

一方、今回の調査でたった一人、父親で聞き取りをすることができたのがCさんの夫であるDさんであった。Dさんは妻から、私が同性愛者であることを聞かされたときの印象について次のように語った。

Dさん：ああそうね、くらい。いっぱいおるしね世の中には普通に。でもそんなん関係ないわね。そりゃ一人ひとりのね。ゲイじゃなくてもやばい先生もおるやね。個人個人の問題。ゲイだからとかそんなん関係ない。個人個人の問題で、ゲイだからそれでどうということはない。

Dさんは、教師が同性愛であることを知ったときの印象を「ああそうね、くらい」というように表現した。また、世の中には性的少数者はたくさん存在するし、「そんなん関係ない」と個人の問題であることを強調した。しかし、その一方で、「ゲイじゃなくてもやばい先生もおるやね」という語りは、ゲイは「やばい」存在であるという認識を前提とした発言でもある。それでも男性で唯一、聞き取りへの協力を承諾したDさんは、私に対して失礼のないように言葉を選びながら話していたと思われる。

③　他のマイノリティ性との交叉性

実は、Cさんによると長女は、大学進学後に心療内科で自閉症を兼ねた広汎性発達障害[★4]との診断を受けたという。その時のことを次のように語った。

Cさん：自閉症を兼ねた広汎性発達障害が少しあるって言われてですね。そういうことがあってから、また、先生とはちょっと違うあれなんですけど。特に、そういう子を持つ親御さんも大変だろうし、本人が一番苦しんできた部分でもあったからですね。全然また先生と違うんですけど、すごくなんか気持ち的にはわかる部分があって。

「先生とはちょっと違う」と前置きしながらも、「気持ち的にはわかる部分があって」と言う

★4　広汎性発達障害は、社会性の発達やコミュニケーション能力に障害があり、強いこだわりがあるという特徴がある。

ように、Cさんは、娘の発達障害というマイノリティ性と性的少数者とを重ねることで、そこに共通性を見出そうとしていることがわかる。このように、Cさんの場合は、他のマイノリティと重ねることで、性的少数者本人やその家族が置かれる状況について理解しようとしていることがわかる。

（4）結論

ここまで、私が指導した生徒の保護者たちに対する聞き取りをもとに、同性愛男性の教員に対する保護者たちの受け止め方を見てきた。彼らの語りから明らかになった、同性愛の教師に対する保護者たちの受け止め方についてまとめたい。

まず、最初に教員が同性愛者であることを知ったときの受け止め方については、それぞれの保護者が異なる受け止め方をしていたことがわかった。Aさんのように教員のカミングアウトを「すごい」「勇気がある」などのように受け止めた者もいたが、Bさんのように「動揺」や「不安」の感情を抱く保護者も見られた。そうした不安の原因としては、それまで性的少数者に出会ったことがなかったことや、当時は性的少数者に関する情報が少なかったことなどがあげられる。そうした経験不足や情報の不足が、動揺する子どもにどのように対処すればいいかわからない、あるいは、子どもが差別行為をしてしまうのではないかなどの不安へと結びついたと考えられる。一方、Cさんのように、性的指向を「性格みたいなもの」ととらえた保護者もいた。こうした受け止め方の差異が生じる原因については、それまでに獲得した知識やそれぞれの生育歴、人生観などが考えられる。なかでも、保護者のジェンダー（性差）は、同性愛の教員に対する受け止め方に大きく影響を及ぼす可能性があることが示された。例えば、Bさんの語りからは、女性として生きるなかで受けてきた女性差別の経験が、性的少数者が直面する差別と重なり、共感を促す可能性があることが示された。また、AさんやBさんの語りから、彼女らの夫は、普段から差別的な言動をしており、同性愛の教師に対しては否定的な受け取り方をしていることがわかった。男性で唯一、実際に聞き取りに応じたDさんは、同性愛に対する偏見が全くないというわけではなかったが、言葉を慎重に選びながら話し、同性愛者であろうがなかろうがそれは「関係ない」ことであるという考え方を強調していた。AさんやBさんの夫と比較すれば、Dさんは同性愛に寛容であると言えるだろう。ただ一方で、男性の保護者でインタビューに応じてくれる人が少なかったという結果が、同性愛に対する受け止め方にジェンダーが大きく関与していることを証明していると言うこともできる。

また、Cさんの場合は、子どもが発達障害を持っていることがわかり、そうしたマイノリティ性と性的少数者であることを重ねることで、そこに共通するものがあることを見出していた。

今回の調査では、教師が同性愛者であることを知ったとき、動揺し不安を抱えた保護者がいたし、特に父親の場合は、同性愛者に対する偏見が強い傾向にあることが示された。しかし、インタビューに答えた四名の保護者は、少なくとも最終的には教師のカミングアウトを肯定的に受け入れ、評価しているように思われる。彼らは、子どもと教師との間で交わされる言動や実際に同性愛の教師と出会い、当事者の考え方や思いを知ることを通して、同性愛の教師に対するとらえ方を変えていったと考えられる。このことから、量的調査を行なったときに表れてくる一般の人々が抱える同性愛者への抵抗感は、必ずしも実体を伴ったものではないことがわかる。むしろ、それらの抵抗感は無知からくる恐れである可能性が高い。したがって、実際に当事者の教員とかかわり、対話する経験を通して、それらの抵抗感を軽減、あるいは解消できる可能性があると言える。

最後に課題として、本調査の方法論上の限界でもあるが、保護者たちの同性愛の教員に対する受け止め方をより正確に描き出すためには、調査対象者の数を増やすと同時に、男性の保護者のデータを増やすことが今後は必要であると考える。

終章　多様な性の視点でつくる教育へ向けて

本書は、多様な性の視点から学校教育をつくり直すことを目指して、これまでの日本の学校教育を性の多様性やクィア・ペダゴジーの観点から再考するとともに、理論面と実践面の二つの側面から、具体的な支援や教育カリキュラム、授業や教職員へ向けた研修など様々な事柄について論じてきた。最後に、各章が明らかにしてきたことを振り返り、多様な性の視点でつくる教育には何が必要なのかを確認して本書のまとめとしたい。

第1章では、「ＳＯＧＩ」や「ＳＯＧＩＥ」という概念を通して、性（セクシュアリティ）がすべての人に与えられた権利であることを確認するとともに、性的マイノリティへの差別が人権侵害であることを確認した。性的マイノリティが差別の対象となり易いのは、これらの概念が人権であるという理解や感覚を欠いているからである。したがって、SOGIやSOGIEがすべての人が有する人権であることを理解し、互いにそれらを尊重するようになることが多様な性の視点でつくる教育の目標となる。

第2章では、多様な性の視点でつくる教育を支える理論的なフレームを設定するために、ジェンダーおよびセクシュアリティと教育に関する理論を確認した。まず、隠れたカリキュラムに関する議論から、日本の学校は制度上、あるいは理念上は、男女平等を標榜しているが、実際には隠れたカリキュラムを通して性差別や同性愛嫌悪を再生産していることを確認した。また、性的マイノリティに対する抑圧や暴力を説明するために、同性愛嫌悪およびヘテロセクシズムという概念についても確認した。これらの概念は、当事者を問題化する視点から、同性愛者を忌避し、嫌悪する社会の側を問題化する視点へと転換させるものであった。社会を問題化するという基本的な考え方は、女性に対する差別や他の性的マイノリティへの差別を考える上でも重要な基本的コンセプトであり、あらゆる差別問題を考える上でも欠くことのできないものである。

第3章では、文部省が作成した生徒指導資料の記述や学校で使われてきた教材を例に、日本の公教育が性的マイノリティを排除し、同性愛嫌悪の再生産に加担してきた歴史を確認した。文部省が作成していた生徒指導に関する資料では、一九八〇年代に改訂されるまで、同性愛を非行の一つとみなしていた。また、学校で使われてきた教材は、異性愛主義に基づいており、著しく教育的公正を欠いたものであった。また、教職員を対象としたアンケート調査では、多くの教職員が性的マイノリティや性の多様性について誤った認識を持っており、十分な理解をしているとは言えない実態が明らかになった。

第4章では、公立学校で行なわれてきた性的マイノリティの子どもへの支援の事例を検討し、学校における性的マイノリティへの「支援」とは何かを論じた。中学校と高等学校で行なわれた性的マイノリティ当事者に対する事例を検討し、留意すべき事柄として二つの指摘をした。一つは、周りの生徒の課題ととらえて指導することの重要性である。当事者の子どもが自己を肯定する知識を獲得し、自己肯定感を取り戻しても、教室の中から性的マイノリティを否定する言動が消えない限り、当事者の子どもは教室の中で苦しむことになる。性的マイノリティが抱える問題が差別問題である限り、周りの生徒への指導をなくしては、当事者支援は成立し得ない。したがって、普段から子どもたちの言動に注意し、性的マイノリティを否定する言動があったときに、その問題性に気づかせる指導をしておくことがとても重要である。二つめは、教職員の共通理解と組織的な取り組みの大切さである。学校から性的マイノリティへの差別や偏見をなくし、すべての児童生徒が安心して学べる空間を作るということは一人の教員だけでできるものではない。教職員が問題を共有し、学校単位での組織的な取り組みをすることが不可欠である。三つ目は、性の多様性を前提とした教室環境・学級経営・学校運営の必要性である。異性愛を前提としたこれまでの日本の学校教育は、性的マイノリティの存在を無視したり、否定したりしてきた。まず、そうした異性愛規範を見直し、子どもたちの中には性的マイノリティがいるという前提で教育実践にあたることが大切である。そのためには、教員の言動、生徒指導のあり方など日々の実践を見直す必要がある。そして、学校カリキュラムの中に性の多様性に関する学習内容を位置づけ、授業の中で性の多様性を教えることが必要である。

第5章では、教員たちへの聞き取り調査をもとに、日本の学校で培われてきた人権同和教育の考え方や実践が性的マイノリティへの差別や性の多様性にどのように応用し得るのかを考察した。具体的には、人権教育の枠組みで性の多様性について取り組みを行なっている人権同和教育担当の教員たちへのインタビュー調査を行なった。その結果、人権同和教育の実践で育まれてきた理論（ものさし）には、性的マイノリティに対する差別の問題に応用できる部分があり、そうした共通項の発見が性の多様性に対する理解を促したり、授業づくりを始めるきっかけとなることがわかった。一方で、人権同和教育で培われてきた「立場宣言」に対するとらえ方を、性的マイノリティの当事者生徒のカミングアウトにそのまま応用することには問題がある可能性も示された。部落学習では立場宣言が重視されてきたというものさしを使って、性的マイノリティ当事者である生徒のカミングアウトに対して必要以上に身構えてしまった結果、当事者の生徒はクローゼットの空間に留まることを強いられるという事態が生じた。カミングアウトに対するとらえ方は、世代間あるいは居住地が地方か大都市かによっても異なる可能性がある。特に若い世代の性的マイノリティの中には、カミングアウト行為に対する抵抗がない、あるいは重要性が低いと語る者もいる。性的マイノリティのカミングアウトに対するとらえ方の変化は、被差別部落当事者の立場宣言に対する再評価の必要性を示唆するものであった。したがって、人権同和教育で蓄積されてきた理論を受け継ぎつつ、性の多様性という新たな視点から従来の人権同和教育を問い直す必要性がある。

第6章では、海外の学校教育では、性の多様性に関連してどのような教育実践がなされてきたかをいくつかの例を取り上げながら検討した。欧米諸国で行なわれてきた性の多様性に関する教育について、分離的アプローチと統合的なアプローチという二つの側面から事例を整理し、次のような指摘をした。差別が厳しい現状では、学習権を保障する場、すなわち「避難の場」としての分離的な学習空間も必要である。分離は避難であると同時に、「隔離」でもある。したがって、本質的には不平等が残存している。実際のところ、差別がなければそうした分離的な空間はそもそも必要がない。さらに、分離的なアプローチでは、マジョリティがマイノリティについて学ぶ機会を失わせる可能性がある。差別に対抗するためには、統合的なインクルーシブ教育において、マジョリティを含むすべての子どもに対して、多様性尊重の考え方を教えることが必要である。

分離的なアプローチは、差別や暴力から性的マイノリティを守り、安全な学習空間を保障する一方で、性的マジョリティや差別を支える社会はそのまま放置されることになる。分離的なアプローチが求められる場面も実際には必要になると考えられるが、統合的アプローチによって、学校空間に存在するジェンダー規範や同性愛嫌悪そのものに働きかけるような方策が本来的には必要である。

第7章では、性の多様性を前提とした学校カリキュラムについて検討した。アップルのカリキュラムと中立性についての議論からは、社会を支配している経済や政治的な側面から切り離された中立的な教育やカリキュラムは成立し得ないことが明らかになった。したがって、大切なのは、どのような価値や内容を選択するかということであり、性の多様性を前提とした教育を構成するためには、カリキュラムの編成の際に、固定的なジェンダー規範や異性愛規範を問い直す内容を選択することが必要となる。また、フレイレの議論から、性の多様性を前提とした教育は、性的マイノリティのためにだけにあるのではなく、性的マジョリティを含めたすべての児童生徒のためにあるということが示された。それらのことをふまえて、日本の学習指導要領について、性の多様性の観点から問題点を整理し、具体的な修正案を提示した。学習指導要領が性の多様性を前提とした記述に変わると、日本の学校教育は次のように変わるだろう。①教科書が性の多様性を前提とした内容に変わる。②授業で性の多様性が積極的に教えられるようになる。③性的マイノリティ当事者の子どもの自尊心が高められる。④すべての子どもが性の多様性について学ぶことで、性的マイノリティへの差別事象が軽減する。⑤教員が性の多様性について学ぶようになる。⑥保護者、地域への啓発や理解が進むと考えられる。

第8章では、性の多様性を教える授業について、クィア・スタディーズやクィア・ペダゴジーの視点から理論的な枠組みを検討するとともに、公立学校で行なった実践例を取り上げて授業方法に関する考察をした。

クィア・スタディーズから派生したクィア・ペダゴジーの理論は、学校文化に根強く存在するセクシズム、ヘテロセクシズムを問い直すために有効な手段であるだけではなく、従来の教育の方法や教育のあり方そのものを変える可能性がある。クィア・ペダゴジーの理論をふまえると性の多様性を前提とした教育を実現するための要素は、次の五つにまとめられる。①ジェンダー規範や異性愛規範を解体すること。②既存の知識や常識を再考すること。③多様性や流動性を歓迎すること。④性的マイノリティだけでなく、性的マジョリティを対象とすること。⑤固定したカテゴリーを解体することである。これらの要素を踏まえながら実践例を取り上げて考察をした。

具体的には、私が福岡県近郊の公立学校で行なった授業をもとに、性の多様性を教える授業のあり方について考察した。その結果、中学校における作文を用いた授業では、あえて「同性愛」という言葉を授業の中で示すことによって、同性愛嫌悪を意識化させることができた。一方で、性的マイノリティに対する差別の問題について主体的に、自分の問題として考えるためには、作文を読むだけでは限界があることが示された。そうした反省に基づいて小学校で行なった授業では、性のグラデーションというスケールを用いた。これにより自分の性のあり方を「多様な性の一つ」としてとらえることが可能になった。性に対するこうしたとらえ方は、私たちが「性的マイノリティ」と言うとき、前提としている性的マジョリティ／性的マイノリティといった区分には、何ら実体がないことに気づかせてくれる。性別二元論や固定したカテゴリーの解体を目指すこのような考え方は、性の多様性を前提とした教育を構成する基本的な要素の一つである。

また、性が多様であることをより身近に感じてもらうための方法として、小学校の授業では、子どもたちが普段接している教員たちに自らの性のあり方を、性のグラデーションというスケールを使って説明してもらった。身近な複数の教員が、それぞれ異なる性のあり方を示したことにより、児童は、性には多様性があるということをより身近に感じることができたと考える。

第9章では、教員に対する性の多様性への理解を促す研修の内容と方法について検討した。私が九州地方で実践してきた教職員に対する研修では、性の多様性の問題を受講者が自分の問題として考えるようになることを目指した。そのための手立てとして用いたのは、小学校の実践で活用した「性のグラデーションモデル」であった。性を男／女という単純な二分法でとらえるのではなく、「連続性のある現象」ととらえるグラデーションモデルは、大人の受講者に対しても有効であった。性をグラデーションとしてとらえることによって、性的マイノリティ／性的マジョリティという区分けは意味をなさなくなり、自らを性的マジョリティとみなす受講者であっても、性の多様性を自らの問題として考えることができるようなった。教員が自らの問題として、性の多様性について考えることができたことで、自分の中にあった差別性や偏見について振り返ることも容易になったと考えられる。それによって、これまでの自らの教育実践を多様な性の尊重という視点から、多くの教員が振り返ることができた。

第10章では、福岡県糸島市において、ＬＧＢＴ教育の手引書がどのようにしてできたのかを、手引書の作成にたずさわった教員や授業を実践してきた教員たちへ行なった聞き取り調査をもとに考察した。

最初に動き始めたのは、養護教諭たちであった。その理由は、学校において性的マイノリティの児童生徒から相談を直に受ける可能性のある養護教諭たちにとっては、緊急性の高い課題として認識されたものと考えられる。そうした養護教諭たちの草の根的な学びは、次第に人権教育担当教員たちの間にも広がった。当初は、性的少数者が直面する問題を人権課題であるとは認識していなかった人権教育担当教員たちも、当事者との出会いや学習を通して認識が変わっていった。さらに、糸島市では、文部科学省の研究指定を受けながら、性の多様性を踏まえた授業づくりに関する研究が重ねられた。こうした現場における授業研究の積み重ねがもとになり、手引書の作成へとつながった。このように糸島市では、教員たちの間で学びが重ねられ理解が広がったことに加え、文科省の研究指定により授業研究が重ねられたことなどが、性の多様性を踏まえた教育の構築を後押ししたと考えられる。

第11章では、私が福岡県の公立学校で同性愛をカミングアウトするに至った経緯や、教員のカミングアウトに対する生徒や保護者たちの反応について記した。

子どもたちの多くは、性的マイノリティであることを公表している人と出会った経験がないために、メディアで描かれる同性愛嫌悪的なキャラクターを信じたり、大人から聞いた根拠のない噂を鵜呑みにしたりしていた。そのため私が同性愛者であるという事実を知ったとき、ほとんどの生徒が驚き動揺した。しかし、それらの同性愛に対する知=偏見は、実体を伴ったものではない。同性愛に対する特別な印象は、同性愛を公言する私との出会いを通じて変化していった。その結果、同性愛者に対する「特別な人」という偏見が解体されていったと考えられる。同性愛者に対する嫌悪や恐怖は、実体を知らないことからくる恐れなのである。

学校でカミングアウトするにあたって、もう一つ気がかりだったことは保護者からどう思われるかということであった。そこで私は生徒の保護者たちに聞き取りをし、同性愛の教員に対する保護者たちの受け止め方について調べた。その結果、教師が同性愛者であることを知ったとき、動揺し不安を抱えた保護者がいたことがわかった。また、特に父親の場合は、同性愛者に対する偏見が強い傾向にあることが示された。しかし、インタビューに答えた四名の保護者は、少なくとも最終的には教師のカミングアウトを肯定的に受け入れ、評価しているように思われた。彼らは、子どもと教師との間で交わされる言動や、当事者の考え方や思いを知ることを通して、同性愛の教師に対するとらえ方を変えていったと考えられる。このことから、人々が抱える同性愛者への抵抗感は、必ずしも実体を伴ったものではないことがわかる。むしろ、それらの抵抗感は無知からくる恐れである可能性が高い。したがって、実際に当事者と関わり、対話する経験を通して、それらの抵抗感を軽減したり、解消したりすることができる可能性がある。

以上のように本書では、多様な性の視点でつくる学校教育を目指して、理論的なフレームを検討するだけではなく、学校での当事者に対する支援のあり方、性の多様性を前提としたカリキュラム、性の多様性を教える授業のあり方、教職員に対する研修など具体的な議論をしてきた。本書に記された実践の多くは、私が学校現場で試行錯誤しながら行なってきたものである。それは決して完成されたものではないし、様々な課題を含んでもいる。したがって、本書に記されている方法が必ずしも正解ではなく、学校現場で繰り返し実践し、その都度、改善し、よりよい方法を創っていってほしいと考えている。

あとがき

本書は、私が二〇一七年に九州大学大学院地球社会統合科学府に提出し、学位を授与された博士論文「性の多様性を前提とした学校教育の開発」を大幅に加筆・修正したものである。「性の多様性は子どもには理解できない」「中学生には早すぎる」。これは、かつて私が勤務する中学校で性的マイノリティの人権をテーマに授業をしたいと初めて提案したとき言われた言葉である。しかし、現実には性的マイノリティに対する差別的な言動は、小学校の低学年ですでに始まっている。「早すぎる」という言葉は、現実を無視した、あるいは現実を見ようとしない大人による差別の言葉である。やっと教壇に立つことができたとき、そこには、自分が子どもだった頃と変わらない差別の実態があった。教員として教育現場で経験した悔しい思いが、再び大学院に戻り博士課程で研究をする動機の一つとなった。

本書では、多様な性の視点から学校教育について考察し、なるべく具体的な提案を試みた。しかし、私が子どもの頃に受けてきた教育や学んだ学校空間は、ここに記したものとは違っていた。私は、自らの性的指向や性自認を自覚したとき、自らの存在を恥じ、目の前の事実を否定しようとした。そのとき、自分と同じような悩みを抱えている人が大勢いることなど想像すらしなかった。本書に記したように、性が人権であること、性は本来的に多様性を有していることなど知るよしもなかった。これは、これまでの学校教育が、本来多様であるはずの人間の性（セクシュアリティ）を、異性愛規範とジェンダー規範とに矮小化し、性の多様性を隠蔽してきたからである。このような矮小化したセクシュアリティのモデルは、性的マイノリティのみならず多くの人々の生き方を拘束し、それぞれの人が持っている多様性や可能性をも奪っている。

私は、二度目の大学院修士課程でゲイ・スタディーズと出会い、自らが体験してきたことが同性愛嫌悪（ホモフォビア）に基づく差別であることを知った。差別を告発する理論を身に着けた結果、初めて自らの存在に誇りを持つことができるようになった。その後、教員として学校現場で働きながら、性的マイノリティに対する差別を無くそうと様々な試みをした。その試みの一つが同性愛を公表して教壇に立つことであった。それは、教室にいるかもしれない当事者の子どものためであると同時に、同性愛は特別な存在ではないということを子どもたちに教えるためでもあった。それらの試みは、私が受けてきた教育への挑戦でもあったと思う。

現場では、何度も差別事象に出会い悔しい思いをした。しかし、そのたびに差別に負けたくないという思いも強くなった。また、幸いなことに目の前の子どもたちは、私を励まし支えてくれた。そんな子どもたちに、かつての自分と同じような辛い思いをさせたくない、また、差別をする側に立たせたくないという思いから、差別事象に直面するたびに問題提起をしたり、授業の提案を試みたりした。しかし、自分自身の力不足によって、歯がゆい思いを何度も経験した。どのようにしたら、教職員や学校長を説得できるのだろうか。どのようにすれば、固定的なジェンダー観や異性愛主義を変えられるのだろうか。教師や子どもたちの性に対する常識や当たり前を問い、固定した考え方を変える具体的な方法について知りたいと思った。そうした動機が博士論文のテーマへとつながった。以下、本書の刊行までお世話になった方々へのお礼を述べたい。

まず、九州大学大学院地球社会統合科学府に在籍中に指導教員であったアンドレア・ゲルマー先生（現・デュッセルドルフ大学）に厚くお礼を申し上げたい。私が博士論文を執筆することができたのは、ゲルマー先生のご指導のおかげである。LGBTをテーマにしたオランダの絵本の共訳や国際会議での発表のチャンスなどをいただけたのもゲルマー先生のおかげであり、感謝の念に堪えない。

また、広島修道大学の河口和也先生には、修士課程在籍中に指導教員であった頃から現在に至るまで、多大なるご指導を賜っていることに厚くお礼を申し上げたい。河口先生には、博士論文の副査および日本学術振興会特別研究員の受入れ研究者も引き受けていただいた。現在の私があるのは、紛れもなく河口先生のご指導があったからである。この場を借りて、あらためて感謝を申し上げる。

また、博士論文の副査を引き受けてくださった鏑木政彦先生、阿尾安泰先生、中村美亜先生にも、それぞれ一方ならぬご指導をいただけたことに感謝を申し上げる。

刊行を引き受けてくださった松籟社の皆さま、とりわけ担当編集者の夏目裕介様に感謝を申し上げる。原稿提出の遅れにより、ただならぬご負担とご苦労をおかけしてしまったことを重ねてお詫び申し上げげたい。

なお、本書の出版にあたり、竹村和子フェミニズム基金より助成をいただいた。このようなチャンスを与えていただいたことに心より感謝の意を述べたい。

また、本研究の遂行にあたりＪＳＰＳ科研費１８Ｊ００８７２の助成を受けた。

二〇二〇年一〇月　　眞野　豊

文献一覧

Althusser, Louis, 1995, *Sur La Reproduction: idéologie et appareils idéologigues d'Etat.*（＝西川長夫・伊吹浩一・大中一彌・今野昇・山家歩訳、2005、『再生産について――イデオロギーと国家のイデオロギー諸装置』平凡社）

Altman, Dennis, 1971, *Homosexual Oppression and Liberation.*（＝岡島克樹・河口和也・風間孝訳、2010、『ゲイ・アイデンティティ――抑圧と解放』岩波書店）

Altman, Dennis, 2001, *Global Sex.*（＝河口和也・風間孝・岡島克樹訳、2005『グローバル・セックス』岩波書店）

天野正子、1981、「女性学と既成学問」女性学研究会編『女性学をつくる』勁草書房、99-110頁

天野正子・伊藤公雄・伊藤るり・井上輝子・上野千鶴子・江原由美子・大沢真理・加納実紀代編著、2009、『ジェンダーと教育（新編日本のフェミニズム8)』岩波書店

Apple, Michael W., 1979 *Ideology and Curriculum.*（＝門倉正美・宮崎充保・植村高久訳、1986、『学校幻想とカリキュラム』日本エディタースクール出版部）

Apple, Michael W., 1982, *Education and Power.*（＝浅沼茂・松下晴彦訳、1992、『教育と権力』日本エディタースクール出版部）

Beckett, Lori, 2001, *Everyone is Special!: A Handbook for Teachers on Sexuality Education.*（＝橋本紀子監訳、2011、『みんな大切！――多様な性と教育』新科学出版社）

Brain, Josephine, 2004, "Asexuality", in *Sexuality: The Essential Glossary,* edited by Jo Eadie.（= 金城克哉訳、2006、『セクシュアリティ基本用語事典』明石書店、35頁）

Britzman, Deborah P., 1995, Is There a Queer Pedagogy? Or, Stop Reading Straight; *Educational Theory,* Vol.45, No.2, pp.151-165.

Butler, Judith, 1990, *Gender Trouble: feminism and the subversion of identity.*（＝竹村和子訳、1999、『ジェンダー・トラブル――フェミニズムとアイデンティティの攪乱』青土社）

Butler, Judith, 1993, Critically Queer in *Bodies That Matter: On the Discursive Limits of*

" *Sex*". (＝クレア・マリィ訳, 1997,「批判的にクィア」『現代思想』第25巻第6号、159-177頁)
Connell, R.W., 1987, *Gender and Power: Society, the Person and Sexual Politics*. (＝森重雄・菊池栄治・加藤隆雄・越智康詞訳、1993、『ジェンダーと権力――セクシュアリティの社会学』三交社)
Connell, R.W., 2002, *Gender*. (＝多賀太訳、2008、『ジェンダー学の最前線』世界思想社)
電通総研、2012、「LGBT 調査2012」(2014年10月10日入手) http://dii.dentsu.jp/project/other/index.html
電通、2015、「電通ダイバーシティ・ラボが「LGBT 調査2015を実施」――LGBT 市場規模を約5.9兆円と算出」『dentsu NEWS RELESE』(2015年5月1日入手) http://www.dentsu.co.jp/news/release/pdf-cms/2015041-0423.pdf
遠藤まめた、2016、『先生と親のためのLGBTガイド――もしあなたがカミングアウトされたなら』合同出版
エスムラルダ・KIRA、2015、『同性パートナーシップ証明、はじまりました。――渋谷区・世田谷区の成立物語と手続きの方法』ポット出版
Evans, David, 2004, "straight acting" in *SEXUALITY: The Essential Glossary*, edited by Jo Eadie. (＝金城克哉訳、2006、『セクシュアリティ基本用語事典』明石書店、302-303頁)
Fanon, Frantz, 1951, *Peau Noire, Masques Blancs*. (＝海老坂武・加藤晴久訳、1998、『黒い皮膚・白い仮面』みすず書房)
Fanon, Frantz, 1966, *Les Damnés de la Terre*. (＝鈴木道彦・浦野衣子訳、1996、『地に呪われたる者』みすず書房)
Foucault, Michel, 1976, *Histoire de la Sexualité I: La Volonté de Savoir*. (＝渡辺守章訳、1986、『性の歴史 I ――知への意志』新潮社)
Freire, Paulo, 1970, *Pedagogia do Oprimido*. (＝三砂ちづる訳、2011、『被抑圧者の教育学』亜紀書房)
藤田英典・黒崎勲・片桐芳雄・佐藤学編、1999、『ジェンダーと教育(教育学年報7)』世織書房
福岡県、2002、「福岡県人権教育・啓発基本指針」
GAY JAPANNEWS、「イギリスの小学校同性カップル家庭に関する教育を始める」

（2016年2月29日確認）http://gayjapannews.com/news2007/news58.htm
ゲルマー，アンドレア＆眞野豊、2015、「多様性共存の可能性：ジェンダー・セクシュアリティ・クィアの観点から Exploring Diversity and Coexistence: Gender、Sexuality and Queerness（九州大学大学院地球社会統合科学府の第七回地球社会統合科学セミナーの報告）」日本女性学研究会『女性学年報』第36号、204-220頁
『判例タイムズ』986号、（府中青年の家裁判第二審判決）
原口頴雄、2014、『被差別部落の歴史と生活文化——九州部落史研究の先駆者・原口頴雄著作集成』明石書店
原ミナ汰・土肥いつき編、2016、『にじ色の本棚——LGBT ガイドブック』三一書房
Halperin, David M., 1995, *Saint Foucault: Towards a Gay Hagiography*.（＝村山敏勝訳、1997、『聖フーコー——ゲイの聖人伝に向けて』大田出版）
Harvey Milk High School（2016年2月29日確認）http://schools.nyc.gov/SchoolPortals/02/M586/default.htm
日高庸晴・木村博和・市村誠一、2007、「ゲイ・バイセクシュアル男性の健康レポート2」（2012年10月19日入手）http://www.j-msm.com/report/report02/
日高庸晴、2013、『子どもの“人生を変える”先生の言葉があります。』平成25年度厚生労働科学研究費補助金エイズ対策事業
日高庸晴監修、星野慎二著、2015、『LGBTQ を知っていますか？——“みんなと違う”は“ヘン”じゃない』少年写真新聞社
日高康晴、2017、「LGBT 当事者の意識調査——いじめ問題と職場環境等の課題」（2017年12月入手）http://www.health-issue.jp/reach_online2016_report.pdf
平野広朗、1994、『アンチ・ヘテロセクシズム』パンドラ
Hocquenghem, Guy, 1972, *Le Désir Homosexuel*.（＝関修訳、1993、『ホモセクシュアルな欲望』学陽書房）
Holstein, James A. & Gubrium, Jaber F., 1995, *The Active Interview*.（＝山田富秋他訳、2004、『アクティヴ・インタビュー——相互行為としての社会調査』せりか書房）
hooks, bell, 1994, *Teaching to Transgress: Education as the Practice of Freedom*.（＝里見実訳、2006、『とびこえよ、その囲いを——自由の実践としてのフェミニズム教育』新水社）

Human Rights Watch, 2016, '*The Nail That Sticks Out Gets Hammered Down': LGBT Bullying and Exclusion in Japanese Schools.*（＝『「出る杭は打たれる」——日本の学校における LGBT 生徒へのいじめと排除』）

市川須美子・浦野東洋一・小野田正利・窪田眞二・中嶋哲彦・成嶋隆、2003、『教育小六法』学陽書房

市野川容孝編著、2011、『人権の再問（講座　人権論の再定位１）』法律文化社

池田香代子・マガジンハウス編、2002、『世界がもし100人の村だったら2』マガジンハウス

池田官司、2013、「性同一性障害当事者数の推計」『産婦人科の実際』Vol.62 No.13.、2105-2109頁

池田久美子、1999、『先生のレズビアン宣言——つながるためのカムアウト』かもがわ出版

いのちリスペクト。ホワイトリボン・キャンペーン、2014、「LGBT の学校生活に関する実態調査（2013）結果報告書」（2014年5月30日入手）http://endomameta.com/schoolreport.pdf

石川大我、2011、『ゲイのボクから伝えたい「好き」の？（ハテナ）がわかる本——みんなが知らない LGBT』太郎次郎社エディタス

伊藤悟、1993、『男ふたり暮らし——ぼくのゲイ・プライド宣言』太郎次郎社

Jasper Copping, "Gay Lessons' in Maths, Geography and Science".（2016年2月21日確認）http://www.telegraph.co.uk/education/educationnews/8275937/Gay-lessons-in-maths-geography-and-science.html

ジャスティン・リチャードソン＆ピーター・パーネル、尾辻かな子＆前田和男訳、2008、『タンタンタンゴはパパふたり』ポット出版

人権教育の指導方法等に関する調査研究会議、2010、「人権教育の指導方法等の在り方について［第三次とりまとめ］実践編～個別的な人権課題に対する取組～」（2015年8月30日入手）http://www.mext.go.jp/b_menu/shingi/chousa/shotou/024/report/08041404/013/001.pdf

釜野さおり・石田仁・風間孝・吉仲崇・河口和也、2016、『性的マイノリティについての意識——2015年全国調査報告書』科学研究費助成事業「日本におけるクィア・スタディーズの構築」研究グループ（研究代表者 広島修道大学 河口和也）編

金田智之、2003、「「カミングアウト」の選択性をめぐる問題について」『社会学論考』東京都立大学社会学研究会編、24号、61-81頁
河口和也、1998、「同性愛者の「語り」の政治」風間孝・ヴィンセント，キース・河口和也編『実践するセクシュアリティ――同性愛／異性愛の政治学』動くゲイとレズビアンの会、146-160頁
河口和也、2002、「不可視化する「同性愛嫌悪」――同性愛者（と思われる人）に対する暴力の問題をめぐって」金井淑子・細谷実『身体のエシックス／ポリティクス――倫理学とフェミニズムの交叉（叢書＝倫理学のフロンティアX）』ナカニシヤ出版、119-139頁
河口和也、2003、『クィア・スタディーズ』岩波書店
河口和也、2010、「テーマ別研究動向（クィア・スタディーズ）」『社会学評論』第6巻第2号、196-205頁
河口和也、2013、「ネオリベラリズム体制とクィア的主体――可視化に伴う矛盾」『広島修大論集』第54巻第1号、151-169頁
河口和也、2014、「サンフランシスコの変容するLGBTコミュニティ」『解放社会学研究』27号、64-76頁
風間孝、2009、「同性愛への「寛容」をめぐって――新たな抑圧のかたち」好井裕明編『排除と差別の社会学』有斐閣、103-117頁
風間孝、2015a、「「寛容」な文化における同性愛嫌悪」『国際教養学部論叢』第8巻第2号、1-15頁
風間孝、2015b、「性的マイノリティをとりまく困難と可能性――同性愛者への寛容と構造的不正義」大澤真幸編『身体と親密圏の変容（岩波講座現代第7巻）』岩波書店、263-288頁
風間孝・河口和也、2010、『同性愛と異性愛』岩波書店
木村涼子、1999、『学校文化とジェンダー』勁草書房
岸田秀之、2017、「生徒による取り組みの紹介――丹原東中学校の実践から」『教育とLGBTIをつなぐ――学校・大学の現場から考える』青弓社、43-74頁
「季刊セクシュアリティ」編集委員会、2016、「「多様性の学習」をすすめる4つのポイント」『季刊セクシュアリティ』74号、32-35頁
『共同通信』2013年12月29日（2014年6月17日参照）http://www.47news.jp/47topics/e/248973.php

河野美代子、1998、『いのち・からだ・性――河野美代子の熱烈メッセージ』高文研
国連広報センター、2016、「Free & Equal: The Price of Exclusion」(2016年10月10日確認) https://www.unfe.org/en/actions/the-price
国立社会保障・人口問題研究所、2019、「「大阪市民の働き方と暮らしの多様性と共生にかんするアンケート」結果速報」(2019年4月26日入手) http://www.ipss.go.jp/projects/j/SOGI/結果速報20190425公表用.pdf
小宮明彦、2001、「同性愛の子どもの実態に関する覚え書き――ゲイ雑誌のテクスト分析を中心に」『学術研究――教育・社会教育・体育学編』第49号、87-104頁
小宮明彦、2008、「「隠れたカリキュラム」とセクシュアリティ――構造的暴力/差別としての異性愛主義的学校文化」『女子栄養大学栄養科学研究所年報』第15号、101-107頁
小宮明彦、2011、「多様な性をめぐる(性)教育に関する一考察――性教育担当教員への面接調査を中心に」『論叢クィア』Vol.4、135-150頁
黒岩裕市、2013、「「多様な性」の問題性――よしもとばななの小説を手がかりに」『言葉が生まれる、言葉を生む――カルチュラル・タイフーン2012 in 広島 ジェンダー・フェミニズム篇』141-153頁
Lauretis, de Teresa, 1991, Queer Theory: Lesbian and Gay Sexualities; An Introduction in *Differences*, Vol.3, No.2, pp.iii-xi.(=大脇美智子訳、1996、「クィア・セオリー:レズビアン/ゲイ・セクシュアリティ――イントロダクション」『ユリイカ』第28巻第13号、66-77頁)
リンダ・ハーン&スターン・ナイランド、ゲルマー・アンドレア&眞野豊訳、2015、『王さまと王さま』ポット出版
Makow, Henry, 2007, *Cruel Hoax: Feminism & The New World Order.*(=ベンジャミン・フルフォード監訳、2010、『「フェミニズム」と「同性愛」が人類を破壊する――セックス洗脳と社会改造計画の恐怖』成甲書房)
眞野豊、2013、「公立学校における性的マイノリティの子供に対する具体的支援――適応指導教室に通っていたAさんの事例を通して」『福岡県同教季刊誌ウィンズ』76号、55-75頁
眞野豊、2014、「同性愛嫌悪の内面化とクローゼットの不在との間――地方に生きるゲイのライフストーリーの考察から」『地球社会統合科学研究』創刊

号、71-80頁
眞野豊、2015a、「私の教育実践――“ゲイ教員”とカミングアウトして見えてきたこと」“人間と性”教育研究協議会『季刊セクシュアリティ』70号4月増刊号、130-136頁
眞野豊、2015b、「公立学校における性的マイノリティへの当事者支援のあり方――福岡県公立学校での実践をもとに」『九州教育学会研究紀要』第42巻、69-76頁
眞野豊、2016、「性的マイノリティにとっての学校の生きづらさ――教室に蔓延する同性愛嫌悪とジェンダー規範」教育実務センター『高校生活指導』第202号、44-47頁
眞野豊、2017、「人権同和教育と性の多様性の交叉――人権同和教育担当教員への聞き取り調査をもとにした考察」『解放社会学研究』30号、7-27頁
眞野豊、2018、「“性の多様性”に関する教職員の理解――教職員に対するアンケート調査から」『広島修大論集』第58巻第1号、49-59頁
茂木俊彦、2007、『障害児教育を考える』岩波書店
文部省、1947、『学習指導要領一般編（試案）』
文部省、1979、『生徒の問題行動に関する基礎資料――中学校・高等学校編』
文部省、1989、『小学校学習指導要領』
文部省、1998、『小学校学習指導要領』
文部科学省、2002、『心のノート 中学校』
文部科学省、2008a、『小学校学習指導要領』
文部科学省、2008b、『中学校学習指導要領』
文部科学省、2008c、『中学校学習指導要領解説道徳編』
文部科学省、2008d、「幼稚園、小学校、中学校、高等学校及び特別支援学校の学習指導要領等の改善について（答申）」（2015年11月1日入手）http://www.mext.go.jp/a_menu/shotou/new-cs/news/20080117.pdf
文部科学省、2009、『高等学校学習指導要領』
文部科学省、2010a、「児童生徒が抱える問題に対しての教育相談の徹底について（通知）」
文部科学省、2010b、『生徒指導提要』教育図書株式会社
文部科学省、2014、「学校における性同一性障害に係る対応に関する状況調査に

ついて（概要）」『週刊教育資料』1304号

文部科学省、2015、「性同一性障害に係る児童生徒に対するきめ細かな対応の実施等について」

文部科学省、2016、『性同一性障害や性的指向・性自認に係る、児童生徒に対するきめ細かな対応等の実施について（教職員向け）』

文部科学省、2017、『中学校学習指導要領』

森山至貴、2009、「クィア・ペダゴジーという問題系」『論叢クィア』Vol.2、49-70頁

永田麻詠、2013、「クィアの観点から考える国語教育の課題と可能性」『論叢クィア』Vol.6、25-36頁

内閣府大臣官房政府広報室、2012、「男女共同参画社会に関する世論調査」（2016年10月1日確認）http://survey.gov-online.go.jp/h24/h24-danjo/2-1.html

中村美亜、2004、「“ジェンダー・フリー”から“ジェンダー・クリエイティヴ”へ——性同一性障害から学ぶこと」『現代性教育研究月報』第22巻第11号、1-5頁

中村美亜、2005、『心に性別はあるのか？——性同一性障害のよりよい理解とケアのために』医療文化社

中村美亜、2008、『クィア・セクソロジー——性の思いこみを解きほぐす』インパクト出版会

中塚幹也、2010、「学校保健における性同一性障害——学校と医療との連携」『日本医事新報』No.4521、60-64頁

“人間と性”教育研究所編、2002、『同性愛・多様なセクシュアリティ——人権と共生を学ぶ授業』子どもの未来社

野宮亜紀・針間克己・大島俊之・原科孝雄・虎井まさ衛・内島豊、2012、『性同一性障害って何？——一人一人の性のありようを大切にするために［増補改訂版］』緑風出版

大庭宣尊、2005、「差別をめぐる知の位相——人権教育（同和教育）の場から」日本解放社会学会『解放社会学研究』19号、26-43頁

Posner, G. J., 1995, *Analizing the Curriculum*, New York: McGraw-Hill.

Reynolds, Paul, 2004, "Queer", in *Sexuality: The Essential Glossary*, edited by Jo Eadie.（＝金城克哉訳、2006、『セクシュアリティ基本用語事典』明石書店、245頁）

Rodrigues, Fredn, 1997, "Brown v. Board of Education" in *Dictionary of Multicultural Education*.（＝中島智子・太田晴雄・倉石一郎訳、2002、『多文化教育事典』明石書店、47頁）

Rubin, Gayle, 1982, Thinking Sex: Note for a Radical Theory of the Politics of Sexuality in *Pleasure and Danger*.（＝河口和也訳、1997、「性を考える――セクシュアリティの政治に関するラディカルな理論のための覚書」『現代思想臨時増刊号』第25巻第6号、94-144頁）

桜井厚、2002、『インタビューの社会学――ライフストーリーの聞き方』せりか書房

三部倫子、2009、「「悲嘆の過程」の批判的検討――「ゲイの息子」を持つ親の語りと「縁者によるスティグマ」概念をもとに」『論叢クィア』Vol.2、71-93頁

笹原恵、2003、「男の子はいつも優先されている？――学校の「かくれたカリキュラム」」天野雅子・木村涼子編『ジェンダーで学ぶ教育』世界思想社、84-101頁

佐々木掌子、2010、「規定されないものとしてのジェンダー・アイデンティティ――MTXとFTXの質的分類」『GID（性同一性障害）学会雑誌』3巻1号、44-45頁

佐藤学、1996、『カリキュラムの批評――公共性の再構築へ』世織書房

佐藤学、1999、『学びの快楽――ダイアローグへ』世織書房

Scott, Joan Wallach, 1988, *Gender and the Politics of History*.（＝荻野美穂訳、1992、『ジェンダーと歴史学』平凡社）

週刊東洋経済編集部、2012、「知られざる巨大市場・日本のLGBT」週刊東洋経済eビジネス新書No.17、東洋経済新報社

『修猷新聞Neo』2016 SPRING Vol.361（2016年5月28日発行）

Sears, James T., 1997, "Homophobia/Heterosexism" in *Dictionary of Multicultural Education*.（＝中島智子・太田晴雄・倉石一郎訳、2002、『多文化教育事典』明石書店、179-182頁）

Sedgwick, Eve Kosofsky, 1985, *Between Men: English Literature and Male Homosocial Desire*.（＝上原早苗・亀澤美由紀訳　2001　『男同士の絆――イギリス文学とホモソーシャルな欲望』名古屋大学出版）

Sedgwick, Eve Kosofsky, 1990, *Epistemology of the Closet*.（＝外岡尚美訳、1999、『クローゼットの認識論——セクシュアリティの20世紀』青土社）

瀬口典子、2006、「「科学的」保守派言説を斬る！——生物人類学の視点から見た性差論争」双風舎編集部編『バックラッシュ！——なぜジェンダーフリーは叩かれたのか？』双風舎、310-339頁

新ケ江章友、2013、『日本の「ゲイ」とエイズ——コミュニティ・国家・アイデンティティ』青弓社

Snider, Kathryn, 1996, "Race and Sexual Orientation: The(Im)possibility of These Intersections in Educational Policy" in *Harvard Educational Review*, Vol.66, Summer.

Solner, Alice U., 1997, "Inclusive Education" in *Dictionary of Multicultural Education*.（＝中島智子・太田晴雄・倉石一郎訳、2002、『多文化教育事典』明石書店、192-196頁）

杉山貴士、2006、「性的違和を抱える高校生の自己形成過程——学校文化の持つジェンダー規範・同性愛嫌悪再生産の視点から」『技術マネジメント研究』第5号、67-79頁

Swadener, Beth Blue, 1997, "Educational Equity" in *Dictionary of Multicultural Education*.（＝中島智子・太田晴雄・倉石一郎訳、2002、『多文化教育事典』明石書店、135-138頁）

多賀太、2001、『男性のジェンダー形成——〈男らしさ〉の揺らぎのなかで』東洋館出版社

竹村和子、2000、『フェミニズム』岩波書店

谷口洋幸、2011、「セクシュアルマイノリティの人権に関する国連決議」『季刊セクシュアリティ』エイデル研究所、No.53.、68-73頁

Tyack, David and Hansot, Elizabeth, 1990, *Learning Together: A History of Coeducation in American Schools*, Yale University Press.

Tyler, John, 1997, "Plessy v. Ferguson" in *Dictionary of Multicultural Education*.（＝中島智子・太田晴雄・倉石一郎訳、2002、『多文化教育事典』明石書店、290頁）

動くゲイとレズビアンの会、1992、『ゲイ・リポート coming out！～同性愛者は公言する』飛鳥新社

UNESCO, 2009, *International Technical Guidance on Sexuality Education*.

ヴィンセント，キース・風間孝・河口和也、1997、『ゲイ・スタディーズ』青土社
渡辺大輔、2000、「同性愛の若者とインターネット――孤立からの脱却と広がる仲間づくり」『季刊人間と教育』民主教育研究所、第28号、144-153頁
渡辺大輔、2001、「性的マイノリティに「安全な場」を提供する教育政策・実践――トロント教育委員会『トライアングル・プログラム』の実践より」『トランスパーソナル学研究』5号、17-34頁
渡辺大輔、2006、「学校における同性愛者の「消され方」「現れ方」」国立歴史民族博物館編『歴博』137号、11-14頁
渡辺大輔、2013、「中学校における「多様な性」の授業での「学び」とは」『論叢クィア』Vol.6、8-24頁
渡辺大輔、2015、「学校教育をクィアする教育実践への投企」『現代思想』第43巻第16号、210-217頁
渡辺大輔、2016、「「性の多様性を学ぶ」とはどういうことか」教育実務センター『高校生活指導』202号、56-63頁
Weeks, Jeffry, 1986, *Sexuality*.（＝上野千鶴子監訳、1996、『セクシュアリティ』河出書房新社）
Weeks, Jeffry, 1993, "Introduction to the 1993 Printing" in *Homosexual: Oppression and Liberation*.（＝岡島克樹・河口和也・風間孝訳、2010、『ゲイ・アイデンティティ――抑圧と解放』岩波書店、xvii-xxxvi頁）
Weeks, Jeffry, 2007, *The World We Have Won: The Remaking of Eroticand Intimate Life*.（＝赤川学監訳、2015、『われら勝ち得し世界――セクシュアリティの歴史と親密性の倫理』弘文堂）
Weinberg, G., 1972, *Society and the Healthy Homosexual,* New York: St. Martin's Press.
West, Chris, 2004, "Heterosexism and homophobia"in *Sexuality: The Essential Glossary,* edited by Jo Eadie.（＝金城克哉訳、2006、『セクシュアリティ基本用語事典』明石書店、130-131頁）
ウィットハウス，ダニエル、2012、「オーストラリアにおけるホモフォビアという陰――オーストラリアにおけるLGBT教育」『セクシュアルマイノリティをめぐる学校教育と支援増補版』開成出版、190-206頁
山内俊雄、2000、『性の境界――からだの性とこころの性』岩波書店
柳淑子、1982、『いきいきと生き抜くために――自立をめざす女子教育』現代書館

著者略歴

眞野豊（まの・ゆたか）

1981年北海道生まれ。九州大学大学院地球社会統合科学府博士後期課程修了、博士（学術）。2021年より鳴門教育大学大学院学校教育研究科准教授。専門は、社会学（ジェンダー、セクシュアリティ）。論文に「多様な性（生）の選択をめぐる不可能性――Aさんは、なぜ「性別再変更」をしたのか」（『解放社会学研究』第33号、2020年）など。翻訳書に『王さまと王さま』（共訳、ポット出版）、『ランスとロットのさがしもの』（共訳、ポット出版）がある。

多様《たよう》な性《せい》の視点《してん》でつくる学校教育《がっこうきょういく》
――セクシュアリティによる差別《さべつ》をなくすための学《まな》びへ

2020年11月25日初版発行
2023年3月1日第2刷発行

定価はカバーに
表示しています

著　者　眞野豊
発行者　相坂一

〒612-0801　京都市伏見区深草正覚町1－34
発行所　㈱松　籟　社
SHORAISHA（しょうらいしゃ）

電話　075-531-2878
FAX　075-532-2309
振替　01040-3-13030
URL：http://shoraisha.com

装丁　安藤紫野（こゆるぎデザイン）
印刷・製本　モリモト印刷株式会社

Printed in Japan

ISBN 978-4-87984-397-5 C0037